순례
묵상

전라남도편

순례 묵상 전라남도편

발행일 2019년 10월 14일
발행인 손영란
저자 김재현, 류명균, 최선화
편집 류명균, 최선화, 김지원
디자인 박송화
펴낸곳 키아츠KIATS
주소 서울시 용산구 원효로 214-2 청운빌딩 3층
전화 02-766-2019
팩스 0505-116-2019
E-mail kiats2019@gmail.com
ISBN 979-11-6037-159-8 (04230) (Set)
　　　　979-11-6037-160-4 (04230)
Web www.kiats.org

＊ 본 출판물의 저작권은 키아츠(KIATS)에 있습니다.
＊ 사전동의 없이 무단으로 복사 또는 전재하여 사용할 수 없습니다.

＊ 이 도서의 국립중앙도서관 출판예정도서목록(CIP)은 서지정보유통지원시스템 홈페이지(http://seoji.nl.go.kr)와 국가자료종합목록 구축시스템(http://kolis-net.nl.go.kr)에서 이용하실 수 있습니다. (CIP제어번호 : CIP2019039702)

신앙의 본질을 찾아
떠나는 여행

순례 묵상

· 전라남도편

저자 김재현 류명균 최선화

키아츠
KIATS

추천사

김영록 (전라남도 도지사)

전라남도기독교총연합회와 키아츠가 우리 지역의 대표적인 기독교 순례지 6곳을 담은 관광안내 책자를 출간한 것을 진심으로 축하합니다. 전라남도는 자연의 멋과 정갈한 음식 맛, 유서 깊은 역사문화와 생태환경을 매개로 많은 사람들을 끌어들이고 있습니다. 여기에 더해 우리 지역의 풍부한 종교유산은 보다 세련된 순례여행의 차별화된 기준을 제시하고 있습니다.

이번에 발간된 책은 호남뿐만 아니라 한국 전체에서 꼭 가보아야 할 기독교의 핵심 유산을 담고 있습니다. 사실, 전라남도의 근대화와 현대화에 한국기독교의 공헌은 절대적이었습니다. 이를 반영하듯 이들 6곳의 유적지는 19세기 말 근대화 과정, 일제강점기의 아픔과 저항, 한국전쟁 시기의 분열과 사랑, 근대화 이후의 모습을 잘 담아낸 자랑스러운 우리 지역의 소중한 문화유산입니다.

이 책을 계기로 전라남도 22개 시와 군에 산재한 기독교유산이 보다 체계적으로 정리되어 도민들과 우리 국민들의 소중한 관광자원으로 자리매김하기를 기대합니다. 더 나아가 기독교뿐만 아니라 다른 종교유산들과 유기적으로 정리되어, 남도의 새로운 격조 있는 관광자원으로 발전되기를 바랍니다.

이 책은 전라남도의 역동적인 기독교의 유산과 가치를 다시 한번 발견하고 느끼는 안내서가 될 것을 확신하며, 책의 출간을 전남도민들과 함께 축하합니다.

여러분을 전라남도로 초대합니다.

양은승 (광양 동신교회 담임목사, 전남기독교총연합회 수석부회장)

20세기 전라남도의 근대화는 기독교의 유입과 함께 시작되어, 일제강점기와 한국전쟁, 심지어 광주민주화운동에 이르기까지 역사의 고비고비를 함께 견디어 왔습니다. 유배지와 수탈지로서의 과거의 아픈 이야기들은 20세기 역사를 거쳐오면서, 한국기독교뿐만 아니라 우리 민족의 정신적 사상적 주춧돌 역할로 탈바꿈해 왔습니다.

일제의 식민통치에 끝까지 저항한 기독교인들의 순교정신, 유달리 컸던 공산당의 핍박에 저항한 적색순교의 정신, 사회의 불의에 저항하며 이룬 민주화의 여정에 당당하게 참여했던 시대정신은 전라남도의 가치요 정신입니다.

21세기에 생태와 건강과 역사 현장이 중요하게 떠오르며, 전라남도가 많은 국민들의 여행과 순례 현장으로 자리하고 있습니다. 신안 증도의 천사의 도시에서 순천-여수에 이르는 남도가 새롭게 주목 받고 있습니다. 여기에 남도의 음식 맛과 문화의 멋은 더욱 많은 사람들을 끌어당기고 있습니다.

이번에 발간되는 《순례묵상》(전라남도 편)은 이런 흐름을 잘 반영하여, 기독교 순례와 역사여행의 수준을 한 차원 높여줄 것입니다. 이 작업을 필두로 하여 전국의 주요 기독교 유적지들이 한 올 한 올 엮어지길 소망합니다.

이에 전라남도기독교 총연합회의 이름으로 여러분을, 천만이 넘는 한국 기독교인들을 남도로 초대합니다. 할렐루야!

윤태현(광양 광양교회 담임목사, 전남경찰지방청 경목연합회 수석부회장)

전남기독교, 특히 광양-순천-여수기독교는 2012년 여수엑스포를 기점으로 전남 동부와 전라남도 지방의 기독교 유산을 한국 및 해외와 나누기 위한 작업을 계속해 진행해 왔습니다. 그래서 2012년에 이 지역 여러 교회들이 힘을 합하여 《신앙을 품은 지역, 전남 동부로의 여행》이라는 책을 출간하기도 했습니다. 이런 노력의 결과로 현재 전라남도 기독교유적과 순례지들은 한국의 대표적인 기독교 순례지가 되었고, 전국 교회에 적지 않은 선도적 영향을 미쳐왔습니다.

한국교회 기독교박물관의 효시인 애양원의 손양원목사순교기념관이 1993년 건립된 지 26년의 세월이 흘렀습니다. 지나간 세월만큼, 기독교 성지순례에도 이제 새로운 눈높이의 모델이 필요합니다. 이번에 키아츠와 함께 출간하는 이 책이 한국기독교 성도들에게 한 차원 수준 높은 신앙순례의 안내자와 동반자가 되기를 소망합니다.

전라남도와 광주의 6개의 대표적인 순례지를 찾아 내면의 묵상을 통해 이 땅과 우리 신앙과 우리가 꿈꾼 것들을 다시금 음미해 보기를 기도합니다. 그러면서 동시에 전라도 곳곳에 산재한 다양한 신앙 선배들의 흔적과 영적 유산을 재발견해, 오늘을 살아가는 영적인 자양분으로 삼기를 기대합니다. 신앙의 멋과 삶의 맛이 있는 전라남도에 여러분을 초대합니다.

목차

전라남도 순례길 Q&A | 008
도서 활용 Tip | 010
전라남도 순례 한눈에 보기 | 012

01 여수 애양원 | 014

여수애양병원_윌슨 선교사 좌상과 토플부부 동상 | 토플하우스 | 치유의 숲 |
애양원역사관, 한센기념관 | 애양원교회 | 고난의 길 | 삼부자묘 |
'화해와 용서'상과 사랑의 열매탑 | 손양원목사순교기념관 | 카페 '오늘'

02 순천 매곡동 | 038

순천중앙교회_프레스톤기념비 | 순천기독진료소 | 매곡동 언덕길(매산등) |
순천매산여자고등학교_프레스톤가옥 | 순천시기독교역사박물관 |
공마당길 야생화 그림거리 | 안력산 의료문화센터 | 순천매산고등학교_학도병 조형물

03 고흥 소록도 | 054

수탄장 | 구 소록도 갱생원 감금실 | 구 소록도 갱생원 검시실 | 국립소록도병원 한센병 박물관 |
소록도중앙교회 | 구 소록도 성실중·고등성경학교 교사 | 동성교회 | 식량창고 | 남성교회 |
소록도 자혜의원 본관 | 소록도 갱생원 만령당 | 소록도 중앙공원

04 광주 양림동 | 074

선교기념비 | 유진벨선교기념관 | 김현승 시비 | 선교사기념공원 | 우일선 선교사 사택 |
허철선 선교사 사택 | 광주수피아여자중·고등학교 | 광주기독병원 | 소심당조아라기념관 |
오웬기념각 | 광주양림교회(통합) | 어비슨카페

05 영광 염산면 | 096

야월교회_순교기념탑 | 야월교회 기독교인 순교기념관 | 십자가공원
염산교회 | 염산교회 순교공원 | 순교의 길

06 신안 증도 | 114

문준경 전도사 순교기념관 | 증동리교회 | 문준경 전도사 순교지 |
짱둥어다리 | 화도 노두길

에필로그 | 132
전라남도 기독교&역사 유적 | 134
색인 | 136

전라남도 순례길 Q&A

Q 왜 전라남도 순례인가?

A 전라남도는 과거 미국 남장로회의 선교지역이었습니다. 미남장로회는 목포, 광주, 순천을 전라남도 선교의 중심지로 삼고 교회, 학교, 병원을 세우며 복음을 전했습니다. 특별히 광주와 순천에는 과거 선교사들의 숨결을 느낄 수 있는 유적이 지금까지도 비교적 잘 보존되어 있습니다.

여수 애양원과 소록도는 일제시대부터 한센병 환자들이 머물던 곳으로, 이곳에 가면 당시 사회에서 가장 천대받던 이들의 아픔과 그들에게 희망을 주었던 기독교 신앙을 느낄 수 있습니다.

매년 수만 명의 기독교인이 찾는 대표적인 기독교 성지, 애양원은 손양원 목사님의 헌신과 사랑, 순교의 정신을 배울 수 있는 곳입니다.

한국전쟁 당시 가장 많은 기독교인이 희생된 영광 지역을 방문하면, 한국전쟁의 아픔과 용서의 삶을 배울 수 있으며, 신안 증도에서 각 섬을 돌며 복음을 전했던 문준경 전도사님을 만난다면 복음 전도의 열정을 회복할 수 있을 것입니다.

Q 얼마나 걸릴까?

A 키아츠는 그동안 전국에 흩어진 기독교 신앙유적지를 정리하는 일을 진행해 왔습니다. 그 결과 2017년 10월에 전국 410개의 기독교 유적을 총정리한 《한국 기독교 성지순례 50Belt》를 출간했습니다. 이러한 오랜 경험을 바탕으로 전라남도에서 기독교 유적지 중 신앙인이라면 꼭 가볼 만한 6개의 대표 순례지를 선별해 2박 3일간의 여정을 독자 여러분께 추천합니다. 조금 빡빡한 일정일 수 있지만, 유적지마다 경험하고 느끼는 것이 다르기 때문에 키아츠가 제안한 6개의 코스를 모두 완주해 볼 것을 제안합니다!

Q 코스는 어떻게 정하나?

A 코스는 책에 수록한 대로 여수 애양원→순천 선교지부→소록도→광주 선교지부→신안→영광으로 진행할 수 있으며, 출발지에 따라 역순(영광→신안→광주 선교지부→소록도→순천 선교지부→여수 애양원)으로도 가능합니다. 서울에서 출발할 경우 영광→신안을 거쳐 광주에서 잠을 잔 후, 이튿날 광주→소록도→순천을 거쳐 애양원에서 잠을 자고, 셋 째날 애양원을 둘러본 후 다시 서울로 돌아올 수 있습니다.

소록도나 영광의 순례지가 전체 코스에서 꽤 멀리 벗어나 있기 때문에 일정을 줄이고 싶다면 이곳을 제외하고 순례를 진행할 수 있습니다.

Q 누구랑 갈까?

A 전라남도 순례 여행은 혼자서도 가능하며, 친구 또는 교회 공동체와 함께하는 것도 좋습니다. 혼자 순례를 떠난다면 일정을 조금 여유 있게 잡아 보세요. 3박 4일, 또는 4박 5일 일정으로 순례지에 오래 머물면서 자신의 지나온 삶을 돌아보는 시간을 가져 보면 어떨까요?
구역이나 셀(사랑방), 혹은 두세 가정 단위로, 교회 리더들과 교역자 그룹이 함께 순례를 떠나보는 것도 좋습니다. 특별히 초·중·고·대학생들이 방학을 이용해 순례지를 돌아본다면, 과거 신앙인들의 순교정신, 희생적인 삶을 배우고, 자신의 신앙적인 인생계획을 세우는 데 의미 있는 시간이 될 것입니다.

Q 전체 비용은?

A 2박 3일 일정에 필요한 예산 항목은 크게 교통비, 식비, 숙박비로 나눌 수 있습니다. 2박 3일 동안 저희가 제안한 6개의 순례지를 방문하려면 개인차량을 이용해야 합니다. 단체의 경우 차량 대여 비용이 추가됩니다. 순례 여행인 만큼 고급스러운 식사와 호화로운 숙소는 피해 주세요.

Q 출발 전에 필요한 준비는?

A 순례 전, 준비한 만큼 현장에서 많은 것을 배우고 느낄 수 있습니다. 순례지의 핵심 내용을 정리한 '저자 직강, 김재현 원장의 강의'를 꼭 봐주세요. 또한 저희가 제안한 추천 도서와 관련 영상을 보는 것도 도움이 될 것입니다. 출발 전 숙소 예약은 필수! 순례지에서 직접 현장 안내를 듣고 싶다면 미리 교회, 기념관에 연락해서 약속을 잡으세요. 단체로 이동할 경우 식당을 예약하면 시간을 아낄 수 있습니다.

도서활용 Tip

고민 No, 무작정 따라하기

《한국기독교 성지순례 50Belt》를 출간한 후 수많은 분들이 손에 잡힐 만한 일정의 좋은 코스를 추천해 달라고 문의를 하셨습니다. 전국 400여 개의 순례지를 지역별로 모아 두었지만, 꼭 가볼 만한 곳을 고르고 일정을 짜는 일에 어려움을 호소하신 것입니다. 그래서 이번에 고민 없이 무작정 따라갈 수 있는 친절한 가이드북을 만들게 되었습니다. 전라남도 편을 시작으로 앞으로 좋은 순례 코스를 책으로 만들어 제안할 예정입니다. 이제는 고민하지 말고 책 한 권을 들고 순서대로 따라가 보세요! 2박 3일 동안 6개의 순례지를 따라가시면 됩니다. 그리고 각 순례지의 세부 코스와 시간도 책에 자세하게 정리되어 있습니다.

#친절한가이드북
#2박3일순례
#6개의순례지

순례와 묵상을 한 번에

《순례 묵상》은 기존 순례 가이드북에 '묵상'이라는 개념을 추가한 책입니다. 애양원 치유의 숲을 거닐며 손양원 목사님의 설교 글을 묵상하고, 문준경 전도사님이 순교 당한 순교 현장에서 문 전도사님의 일대기를 다룬 소설의 한 대목을 읽어볼 수 있습니다. 또한 각 순례지와 어울리는 찬양과 CCM을 추천해 개인적으로 듣거나 단체가 함께 부를 수 있도록 하였습니다. 각 순례지의 마지막에는 '순례 묵상 노트'를 마련해 순례하면서 느낀 점을 기록하고 되새길 수 있도록 하였습니다.

#순례 #묵상
#찬양 #노트

전문가의 동영상 제공

《순례 묵상》(전라남도 편)을 제작하면서 각 순례지를 방문해 현장 관계자들의 인터뷰를 진행했습니다. 이 영상은 모든 성도가 공유할 수 있도록 온라인에 업로드하였고, 책의 큐알(QR)코드를 스캔하면 해당 동영상으로 바로 이동할 수 있습니다. 순례지 현장의 목사님, 기념관의 관계자를 직접 만나지 않아도 동영상을 통해 현장의 소리를 직접 들을 수 있습니다.

*QR코드 실행 방법
1. 안드로이드 마켓 또는 아이폰 앱스토어에 접속하여 QR코드 스캔 어플리케이션을 다운로드(무료)한다.
2. 설치된 프로그램 실행한다.
3. 카메라 화면이 나타나면 네모칸 안에 QR코드를 넣어 인식하도록 한다.

■ 저자 직강!

김재현 원장의 핵심
큐알(QR)코드를 스캔히

#인터뷰
#큐알코드
#김재현 핵심강의

함께 떠나는 순례 여행

혼자 떠나는 여행도 좋지만, 가족과 함께, 교회 구성원들과 함께 순례를 떠나 보세요! 구역별로, 셀별로, 교회 리더모임에서, 교역자 수련회로, 각 주일학교 특별 프로그램으로 순교의 피가 흐르는 전라남도의 순례지를 밟아보세요. 《순례 묵상》한 권씩을 들고 코스를 따라가면서 유적에 관한 설명과 묵상 글을 함께 읽고, 함께 찬양도 불러 보면 어떨까요? 순례를 모두 마친 후 묵상 노트를 작성하고 느낀 점을 함께 나눈다면 더 풍성한 순례 여행이 될 것입니다.

찬양 | 꽃 피는 봄날에만
손양원 목사가 옥중에서 썼던 편지를 노래로 만든
꽃피는 봄날에만 주 사랑 있음인가 땀s
열매맺는 가을에만 주 은혜 있음인가

#구역 #셀 #리더모임
#교역자수련회
#주일학교

전라남도 순례 한눈에 보기

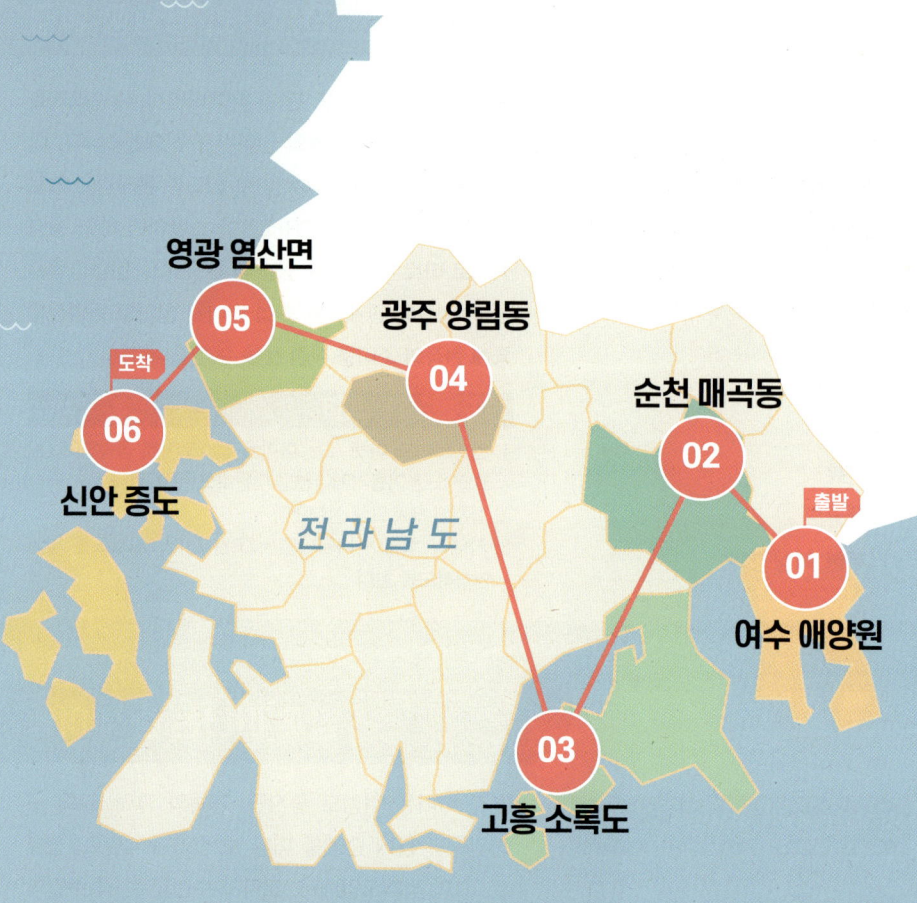

01 여수 애양원

나는 너희를 치료하는 여호와임이니라

출애굽기 15장 26절

여수의 기독교는 자생적으로 복음을 전해 들은 토착 교인들에 의해 시작되었다. 광주의 한센인 신앙공동체가 1928년 여수로 옮겨와 애양원이 시작되었고, 손양원, 이기풍, 조상학 등이 여수지역 교회를 섬기다 순교하였다. 이들의 순교와 신앙이 열매를 맺어 지금까지 이어오고 있다.

순례를 떠나기 전, 읽고 준비하기

애양원의 역사

1909년 4월, 포사이드 선교사가 동료 선교사 오웬이 위독하다는 소식을 듣고 목포에서 광주로 가던 중에 길가에 쓰러진 한센병 여환자를 발견하고는 그녀를 자신의 말에 태워 광주제중원에 데리고 왔다. 당시 광주제중원의 의사였던 윌슨 선교사가 벽돌 가마터에 그녀를 입원시켜 돌보아주면서 광주에 한센인치료소를 세우게 되었고, 이것이 오늘날 애양원의 시작이 되었다. 이처럼 한센인을 돕는 선교사들의 헌신적인 모습에 감동한 최흥종이 광주 봉선리에 있는 1,000여평의 땅을 기증하고, 영국 '극동나환자선교협회'의 도움을 받아 광주나병원(45명을 수용할 수 있는 벽돌 건물)이 1912년에 세워졌다.

이후 한센인들이 광주로 계속해서 몰려들자, 광주나병원은 1926년 11월부터 1928년까지 2년여에 걸쳐 순차적으로 지금의 위치인 여수로 옮겨왔다. 1923년 조선총독부에서 정식병원으로 인가받았으며, 1935년 애양원으로 개칭하여 현재까지 그 이름을 사용하고 있다.

사랑의 원자탄, 손양원 1902-1950

손양원 목사는 1902년 6월 경상남도 함안군 칠원면 구성리에서 손종일 장로와 김은수 집사의 장남으로 태어났다. 일본의 지배하에서 아버지가 3·1만세운동의 주동자로 옥고를 치렀고, 이로 인해 손양원은 국내외에서 이곳저곳으로 학교를 옮겨가면서 어려운 젊은 시절을 보냈다. 1926년 부산 감만동의 한센인들을 섬긴 손양원 목사는 이후 1939년 여수 애양원으로 부임하면서 평생 한센인 사역에 헌신하였다. 신사참배를 강력하게 반대하던 손양원 목사는 애양원 시절의 절반을 감옥에서 보냈다. 1948년 여수·순천사건에서 동인과 동신, 두 자녀를 함께 잃었으나, 자신의 아들들을 죽인 자를 용서하고 양아들로 삼았다. 1950년 한국전쟁이 일어나자 애양원의 한센인들을 피난선에 태워 우선 대피시키고, 자신은 거동이 불편한 한센인들과 함께 애양원에 남아 끝까지 한센인들을 돌보았다. 결국 공산군에게 잡혀 그해 9월 28일 총살당해 순교하였다.

■ 저자 직강!

김재현 원장의 핵심 강의

큐알(QR)코드를 스캔해 보세요. 애양원의 역사와 유적지 소개를 볼 수 있어요!

■ 이 책은 읽고 가자

| 손양원 목사의 옥중서신 애양원교회 | 대한기독교서회 | 2017
   친필 설교, 서한, 시문으로 전하는 손양원 목사의 글 모음집.

| [만화]산돌 손양원 키아츠, 이경윤 | 키아츠 | 2017
   아이들과 함께 읽기 좋은, 만화로 만나는 손양원 목사와 애양원의 신앙 이야기.

| [소설]하얀불꽃 박현정 | 키아츠 | 2011
   떠돌이 소년 '강산'이 애양원에서 겪은 손양원 목사의 삶과 신앙 이야기.

■ 이 영화/다큐는 보고 가자

| [KBS다큐멘터리] 죽음보다 강한 사랑, 손양원(2013)_50분
   영상으로 만나는 사랑의 성자, 손양원 목사의 삶과 신앙 이야기

▷ 총 예상시간: 2시간 45분

	출발		예상소요시간	포인트
P	01	애양병원 (윌슨 선교사 좌상과 토플 부부 동상)	10'	*윌슨 동상 앞에서 기념촬영
	02	토플하우스	10'	
	03	치유의 숲	10'	*오래 된 소나무의 솔향을 느낄 수 있다.
	04	애양원역사관, 한센기념관	30'	*도슨트의 설명을 들어보자!
	05	애양원교회	15'	
	06	고난의 길	10'	*손양원 목사의 장례행렬이 지나간 길을 조용히 걸으며 묵상해보자.
	07	삼부자묘	20'	*삼부자묘 앞에서 손양원 목사의 삶과 신앙을 기억하며 묵상해보자.
	08	'화해와 용서'상과 사랑의 열매탑	10'	*'화해와 용서'상에서 기념촬영
	09	손양원목사순교기념관	30'	*기념관 관람
	10	카페 '오늘'	20'	*커피 한 잔의 여유와 말씀 묵상 *기념품 판매처가 있으니 참조하자.

알아두면 좋은 Tip

주차 여수애양병원 주차장에 주차 가능

숙박 애양원 안에는 토플하우스(2인실 2개/3인실 1개/4인실 4개)와 치유의 숲(4인실 9개/ 6인실 1개) 두 군데의 숙박시설이 있다. (www.aeyangwon.co.kr, 010-2281-4537)

기념관 관람
- 애양원교회 061)682-7515 | 주일예배_11시 / 수요예배_오후 7시
- 애양원역사관/한센기념관 061-682-9809 | 010-4426-3892
- 손양원목사순교기념관 061)682-9534 | www.aeyangwon.org
  운영일 월-토요일 오전 9시-오후 5시 30분 | **휴관일** 국경일, 주일

*애양원 내부에는 식당이나 스낵코너가 없으니 참조하자!

여수 애양원 순례 실전편

01
여수애양병원_윌슨 선교사 좌상과 토플부부 동상

포사이드 선교사

윌슨 선교사

여수애양병원은 미국 남장로회의 포사이드와 윌슨 선교사의 한센인 치료 사업으로 시작된 병원입니다. 애양병원의 뒤뜰에는 애양원 설립에 결정적인 역할을 한 윌슨과 제10대 원장으로 1959년부터 1982년까지 23년간 애양원을 섬긴 토플 선교사의 동상이 세워져 있습니다.

동상을 기준으로 오른쪽 측면에는 애양원을 섬겼던 대표적인 네 명의 선교사들, 토플(Stanley C. Topple), 보이어(Elmer T. Boyer, 보이열), 윌슨, 포사이드(Wylie. H Forsythe, 보위렴) 선교사의 기념비가 일렬로 세워져 있습니다.

특별히, 로버트 윌슨(Robert M. Wilson, 우월순/우일선, 1908-1963)은 1908년 광주선교지부에 의료선교사로 내한하여 광주 제중원 제2대 원장으로 섬기며, 1909년 한센인들을 위한 치료를 시작하였고, 1912년 최초의 한센인 진료소를 건립하는 데 기여하였습니다. 현재 광주 양림동 언덕(호남신학대학교 캠퍼스)에는 진료소와 사택으로 사용했던 우일선 선교사 사택이 잘 보존되어 있습니다.

02

토플하우스

토플하우스는 1953년에 신축하여, 1955년부터 1962년까지 한센인 지도자를 양성했던 한성신학교의 건물로 사용하였습니다. 2000년에는 마지막 미국인 원장이자 23년간 애양원 원장으로 헌신한 토플 선교사의 이름을 붙여 '토플하우스'로 개보수하여, 방문객들의 숙소로 사용하고 있습니다.

스탠리 토플(Stanley C. Topple, 도성래, 1932-) 선교사는 1959년 애양원에 의료선교사로 내한하여 손양원 목사의 뒤를 이어 애양원 제10대 원장을 지내며 애양원 내 현대식 병원과 새로운 수술법을 도입하고, 소아마비 환자 수술과 재활 치료를 실시하였습니다. 1982년 애양원 환자들이 완치되자, 토플 선교사는 한국 목사에게 자리를 넘겨주고 아무것도 가지지 않은 채 빈손으로 애양원을 떠났습니다. 이러한 토플 선교사의 정신을 기리기 위해 한센인들은 자신들의 정착촌 이름을 토플 선교사의 한국명에서 따와 '도성'마을이라 이름 붙였습니다.

더 알아보기
QR코드를 스캔해 보세요

● 주는 행복 모르는 인생, 지루하지 않나요 〈동아일보〉 (2018.1.19)
"미국에서 정형외과 의사로 안정되게 사는 인생은 좀 지루(boring)하지 않나요…. 인생을 살면서 많은 돈이 필요한가요. 최소한의 의식주를 해결할 수 있을 정도면 충분하죠. 본인한테 이익이 될 것만을 추구하는 인생보다 주는 것에서 참된 행복을 느낄 수 있는 이들이 늘었으면 합니다."-토플 선교사

03
치유의 숲

10분 숙박가능∨ 기념촬영∨ 찬양-묵상∨ 산책로∨

토플하우스를 지나 아래로 걸어가다 보면, 한센인 여성들이 모여 살았던 옛 한센여자부병사가 내려다보입니다. 2012년 애양원은 한센여자부병사 14개 동을 치유의 숲으로 리모델링하여 펜션으로 운영하고 있습니다.

한센여자부병사에 사셨던 분들 중에는 대표적으로 김수남 할머니를 꼽을 수 있습니다. 한센병에 걸려 가족들로부터 외면받고 버림받았던 김수남 할머니는 17살 때, 부산의 한센인 정착촌에서 손양원 목사를 처음 만났습니다. 이후, 손양원 목사의 손에 이끌려 여수 애양원에 정착한 김수남 할머니는 손양원 목사를 통해 참된 소망이 예수 그리스도임을 깨닫고, 애양원에서 신앙생활을 시작합니다.

◇ 묵상

한번은 신사참배를 반대한다고 일제로부터 핍박당하던 손양원 목사가 김수남이 살던 집 앞을 지나가다가 너무 지치고 배가 고파서 "수남아! 밥 좀 있느냐?"하고 물었다. 김수남은 손양원 목사가 자기를 다정하게 불러주면서 '밥 좀 있냐?'고 물은 것이 너무나 감격스러웠다. 그 정감 어린 목소리에 마음이 녹아들었다. 그래서 얼른 개울가에 나가 돌미나리를 뜯어다가 된장에 무쳐 보리밥과 함께 대접했다. 그랬더니 손양원 목사가 아주 맛있게 밥을 먹으며 고마움을 표현했다. "수남아, 네가 해 준 밥이라 참 맛있구나." 김수남은 고맙고 감격할 수밖에 없었다. 모두 피하는 한센병 환자의 집에서 한센병 환자의 손으로 무친 나물과 밥을 먹어준 사실만으로도 대단한 일이었기 때문이다.
-김학중, 《손양원:어두운 세상을 향한 사랑의 원자탄》, (넥서스)

찬양 | 당신은 예수와 사네요 (손양원 목사와 나병환자의 노래)

멜론이나 벅스에서 검색해보세요

손양원 목사와 한센인 여인의 가상의 대화를 모티브로 만들어진 곡

먼지 투성이 더러운 나 상처 투성이 나 홀로 버려져
잡을 손 없어 웅크린 채 멍하니 길 위에 있을 때
주가 가는 길 외면하네 주의 못 자국 내 것이 아니라
우기고 지워 잊으려고 힘없이 뒤돌아 울 때
이미 내 손 잡으신 분 따뜻한 손 그대를 보네
먼지 툭툭 상처 어루만지신 그분이 당신 삶 속에 있네

당신 눈엔 예수가 있네요 당신 손엔 예수가 있네요
당신 맘엔 예수가 있네요 당신은 예수와 사네요
당신 말엔 예수가 있네요 당신 걸음 예수가 있네요
당신 삶엔 예수가 있네요 당신은 예수와 사네요
주의 사랑 날 위해 있네요 주의 소망 날 위해 있네요
주의 희생 날 위해 있네요 예수가 내 안에 사네요

04

애양원역사관, 한센기념관(등록문화재 제33호)

30분 전시관람∨ 기념촬영∨

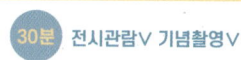

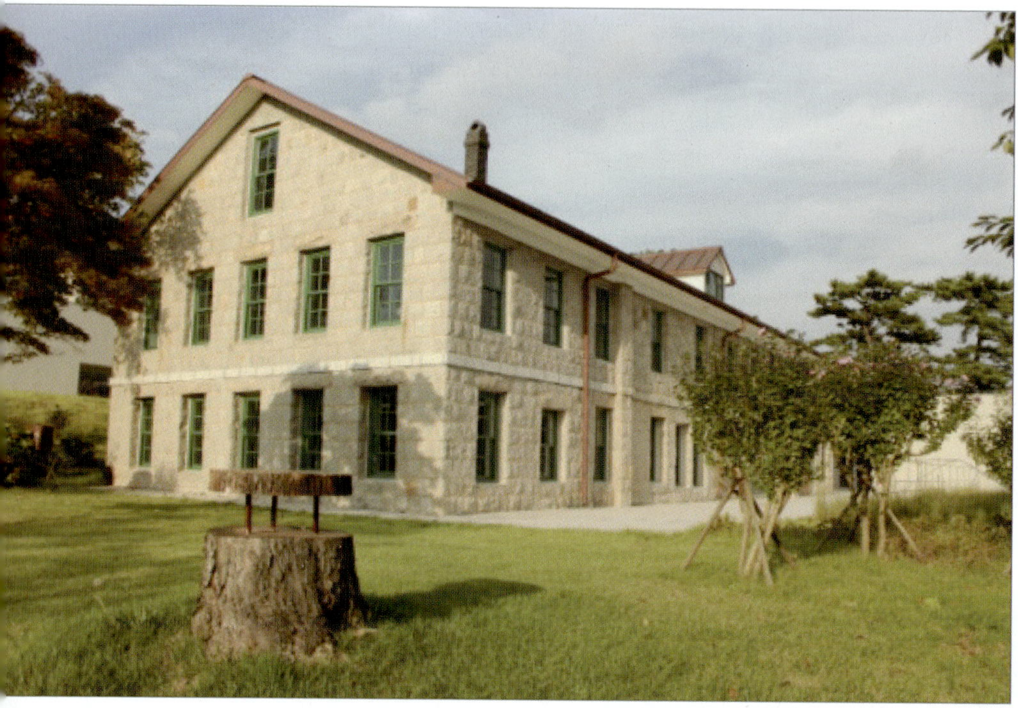

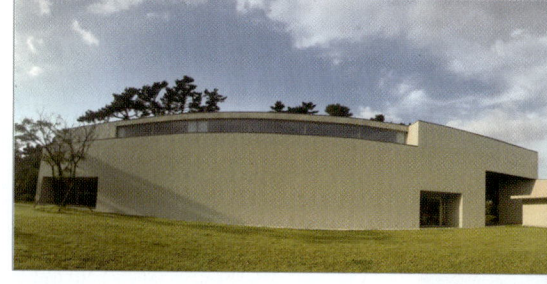

애양원역사관은 1926년에 세운 2층 석조건물로, 현대식 병원을 건립하기 전까지 한센병 환자를 전문적으로 치료하기 위한 병원으로 사용되었습니다. 1999년 개·보수하여 애양원역사관으로 사용하다가, 2015년에 건물 한 동을 추가로 건축하여 애양원한센기념관을 개관하였습니다. 신축한 A 동은 강당, 도서관으로 사용하고 있으며, 옛 애양원역사관을 활용한 B동에는 한센인들과 선교사들의 생활상을 담은 사진 자료 5만 점과 한센인의 치료·수술용 의료 기구 등을 전시하고 있습니다.

05

애양원교회 (등록문화재 제32호)

15분 찬양-묵상∨ 기념촬영∨ 주일/수요예배참석∨

애양원교회는 손양원 목사의 순교 이야기가 남아있는 곳으로 지금도 많은 사람이 찾아와 신앙의 정신을 되새기고 있습니다. 높은 첨탑과 오랜 시간을 버텨온 듯한 석재, 서양식 창문으로 구성된 애양원교회가 순례자들을 맞이합니다. 교회 앞마당에는 손양원 목사순교기념비가 있습니다. 애양원교회의 역사는 광주나병원의 시작인 1909년으로 올라갑니다. 한센인을 위한 선교사들의 헌신과 이에 감동한 최흥종이 광주 봉선리의 자신의 땅을 바쳐서 광주나병원이 시작되었습니다. 자연스럽게 광주 봉선리에 교회가 세워졌고, 이 교회는 '봉선리 교회당'이라고 불렸습니다. 광주나병원이 1926년부터 1928년까지 여수로 이주하면서 교회 또한 이곳으로 옮겨와 현재에 이르렀습니다. 1대 김응규 목사, 2대 손양원 목사를 비롯하여 7대 정종원 목사에 이르기까지 애양원의 신앙 정신이 이어 내려오고 있습니다.

◇ 묵상 ◇

손양원 목사의 글

주여, 애양원을 사랑하게 하여 주시옵소서
주여, 나로 하여금 애양원을 참으로 사랑할 수 있는 사랑을 주시옵소서.
주께서 이들을 사랑하심과 같은 사랑을 주시옵소서.
이들은 세상에서 버림받은 자들이고, 부모와 형제의 사랑에서 떠난 자들이고,
세상 모든 인간들이 다 싫어하여 꺼리는 자들이오나,
오! 주여, 그래도 나는 이들을 진정으로 사랑하게 하여 주소서.
주여, 내가 또한 세상의 무슨 명예심으로 사랑하거나
말세의 무슨 상급을 위하여 사랑하는 욕망적인 사랑도
되지 말게 하여 주시옵소서.
다만 그리스도의 사랑으로 이 불쌍한 영육들을 위한
단순한 사랑이 되게 하여 주시옵소서.
오! 주여, 나의 남은 생이 몇 해일지는 알 수 없으나
이 몸과 맘을 주께 맡긴 그대로 이 애양원을 위하여
충심으로 사랑케 하여 주시옵소서. 아멘.

−손양원 목사의 일기(1940. 3. 22)

한줄묵상 지금 내가 사랑해야 할 사람을 떠올려 보세요.

06
고난의 길

애양원교회 뒷길로 내려와 삼부자묘를 향해 해안가를 따라 걸어가 봅니다. '고난의 길'이라고 이름 붙여진 이 길은 실제로 손양원 목사의 장례 행렬이 지나갔던 길입니다. 손양원 목사는 신사참배 반대로 오랜 감옥 생활을 했고, 자신의 두 아들이 죽는 고통을 당했지만 고난 중에 하늘의 영광을 소망하였고, 하나님을 신뢰하는 믿음을 잃지 않았습니다.

◇ 묵상 ◇

신사참배 거부로 옥중생활을 하던 손양원 목사가 가족에게 보낸 편지글의 한 토막이다.

참다운 고생을 해본 사람이 참다운 즐거움도 깨달을 수 있는 것이다. 고생한 뒤에 영광을 누리게 된다는 말이 아니라 고생하는 중에 하늘에서 내려오는 영광을 맛보게 된다는 말이다. 이것이 기독교의 가르침이다. 남이 받는 행복을 받고자 하거든 남이 받는 고생도 받아야 하고, 남이 못 받는 큰 복을 받기 원하거든 남이 겪지 못할 어려운 일도 겪어야 하는 것이다.

-손양선(누이)에게 보내는 편지(1943. 3. 26)

당신은 나를 위하여 조금도 염려하지 마세요. 한 덩어리의 주먹밥, 한 그릇의 소금국이야 말로 신선의 요리요 천사의 떡 맛입니다. 공중의 새를 먹이시고 들의 백합화를 곱게 입히시는 우리 아버지께서 내가 먹는 양을 작게 만드셨으니 이 정도의 밥으로도 나는 족합니다. 나의 키를 작게 만드셔서 옷과 이불이 내 발등을 덮을 수 있으니 이만하면 만족합니다. 하나님께서 새를 먹이시고 들의 풀을 곱게 입히시거늘 하물며 사랑하는 자녀이자 당신의 일꾼을 돌보지 않겠소! 오히려 주께서는 "믿음이 적은 자들아 왜 의심하느냐"라고 꾸짖으십니다. 염려할 것은 다만 우리에게 이런 믿음이 없는 것입니다. 그러므로 기도하시고 안심하십시오. 신신당부합니다.

-정양순(아내)에게 보내는 편지(1942.10.14)

한줄묵상 당신은 고난을 인내하는 믿음을 소유하고 있습니까?

찬양 | 꽃 피는 봄날에만
멜론이나 벅스에서 검색해보세요

손양원 목사가 옥중에서 썼던 편지를 노래로 만든 곡

꽃피는 봄날에만 주 사랑 있음인가 땀을 쏟는 염천에도 주 사랑 여전하며
열매맺는 가을에만 주 은혜 있음인가 추운 겨울 주릴 때도 주 위로 더할 것은

솔로몬 부귀보다 욥의 고난 더 귀하고 솔로몬 지혜보다 욥 인내 아름답다
이 세상 부귀영화 유혹의 손길 되나 고생 중 인내함은 최후 승리 이룩하네

세상 권력 등에 업고 믿는 자를 핍박하는 어리석은 사람들아 회개하고 돌아오라
우상의 힘 며칠 가며 인간의 힘 며칠가나 하나님의 심판 날에 견디지 못하리라

저 천성 바라보니 이 세상은 나그네길 죽음을 피하라고 내 갈길 막지 마라
내게 맡긴 양을 위해 내 겨레 평화 위해 우리 주님 가신 길을 충성으로 따르리라

07

삼부자묘

삼부자묘는 손양원목사순교기념관 맞은편 언덕에 자리하고 있습니다. 현재 이 묘역의 앞에는 여순사건으로 순교한 장남 동인과 차남 동신의 묘가 있고, 뒤에는 한국전쟁 중에 순교한 손양원 목사와 1977년에 사망한 정양순 사모의 합장 묘가 있습니다.

손양원 목사는 애양원의 성도들을 끝까지 사랑했습니다. 그는 한국전쟁이 일어나자 애양원의 한센병 환자들을 남해로 피난시킨 후 거동이 불편한 환자들의 곁을 끝까지 지키다가 공산군에 잡혀 1950년 9월 28일 총살 당해 순교하였습니다.

◇ 묵상 ◇

한국전쟁 중 피신을 거부한 손양원 목사의 모습을 묘사한 글

"이러한 난국에 무슨 일이 제일 급한 일이겠습니까? 양을 먹이던 목자가 그 양을 돌보아서 이리떼 같은 악한 원수에게 해 받지 않도록 하는 것이 급한 일 아닙니까? 내 한 사람이나 한 가정의 안전을 위해서 피신하는 것이 급한 일입니까? 우리 애양원 식구들이 전부 피할 곳이 있다면 나도 함께 그들과 피할지 모르겠습니다. 그러나 그렇지도 못한 것이니 내가 만일 피신을 한다면 일천백 명 양 떼들을 자살시키는 것이나 다를 것이 무엇입니까? 이 양 떼들을 자살시키고 나 하나 피해서 산들 무엇 하겠습니까?"

"한국교회의 하나가 애양원교회요, 한국민족의 하나가 애양원 식구들입니다. 교회 양 떼들을 등한시하고 한국교회, 한국민족을 중요시 할 수 없는 것입니다. 개체 교회나 개인을 무시하는 것은 한국교회나 한국민족을 무시하는 것이요, 한국교회나 한국민족을 중요시한다면 개체 교회나 개인의 영혼을 중요시 할 것입니다."

"우리 기독교란 잘 살기 위한 종교가 아니요, 그 나라와 그 의를 구하기 위해서 잘 죽기 위한 종교입니다. 하나님께서 한국 기독교를 통해서 영광을 얻고 또 얻을 때가 왔는데 우리가 어디로 피할 것입니까?"
-안용준,《사랑의 원자탄》(성광문화사)

나는 선한 목자라 선한 목자는 양들을 위하여 목숨을 버리거니와 삯꾼은 목자가 아니요 양도 제 양이 아니라 이리가 오는 것을 보면 양을 버리고 달아나나니 이리가 양을 물어 가고 또 헤치느니라 달아나는 것은 그가 삯꾼인 까닭에 양을 돌보지 아니함이나 나는 선한 목자라 나는 내 양을 알고 양도 나를 아는 것이 아버지께서 나를 아시고 내가 아버지를 아는 것 같으니 나는 양을 위하여 목숨을 버리노라 (요 10:11-15)

유월절 전에 예수께서 자기가 세상을 떠나 아버지께로 돌아가실 때가 이른 줄 아시고 세상에 있는 자기 사람들을 사랑하시되 끝까지 사랑하시니라 (요 13:1)

한줄묵상 당신이 끝까지 지켜야 할 삶의 자리는 어디입니까?

찬양 | 오늘만이 내날이다
멜론이나 벅스에서 검색해보세요

손양원 목사의 설교강해인 〈오늘이 내날이다〉의 내용을 가사로 만든 곡.

오늘만이 내 날이요 주님 만날 준비 오늘뿐이다
오늘 주님이 나를 부르신다면 주님 만날 준비되었는가
그러니 범죄하지 말라 기도하는 것을 쉬지 말라
섬기고 헌신하는 것을 게을리 하지말라

오늘만이 내 날이요 주님 만날 준비 오늘 뿐이다
오늘 주님이 나를 오라 한다면 주님 만나 칭찬듣겠는가
오늘 이 하루 자족하라 말씀대로 순종하며 살아라
어두운 밤이 이르기 전에 주님 맞을 준비하라

찬양 | 저 높은 곳을 향하여 (찬송가 491장)

[1절] 저 높은 곳을 향하여 날마다 나아갑니다
       내 뜻과 정성 모아서 날마다 기도합니다

[2절] 괴롬과 죄가 있는곳 나 비록 여기 살아도
       빛나고 높은 저곳을 날마다 바라봅니다

[3절] 의심의 안개 걷히고 근심의 구름 없는 곳
       기쁘고 참된 평화가 거기만 있사옵니다

[4절] 험하고 높은 이 길을 싸우며 나아갑니다
       다시금 기도하오니 내주여 인도하소서

[5절] 내주를 따라 올라가 저 높은곳 에 우뚝 서
       영원한 복락 누리며 즐거운 노래 부르리

[후렴] 내 주여 내 맘 붙드사 그곳에 있게 하소서
        그곳은 빛과 사랑이 언제나 넘치옵니다

08 '화해와 용서'상과 사랑의 열매탑

 10분 묵상∨ 기념촬영∨ 기사보기∨

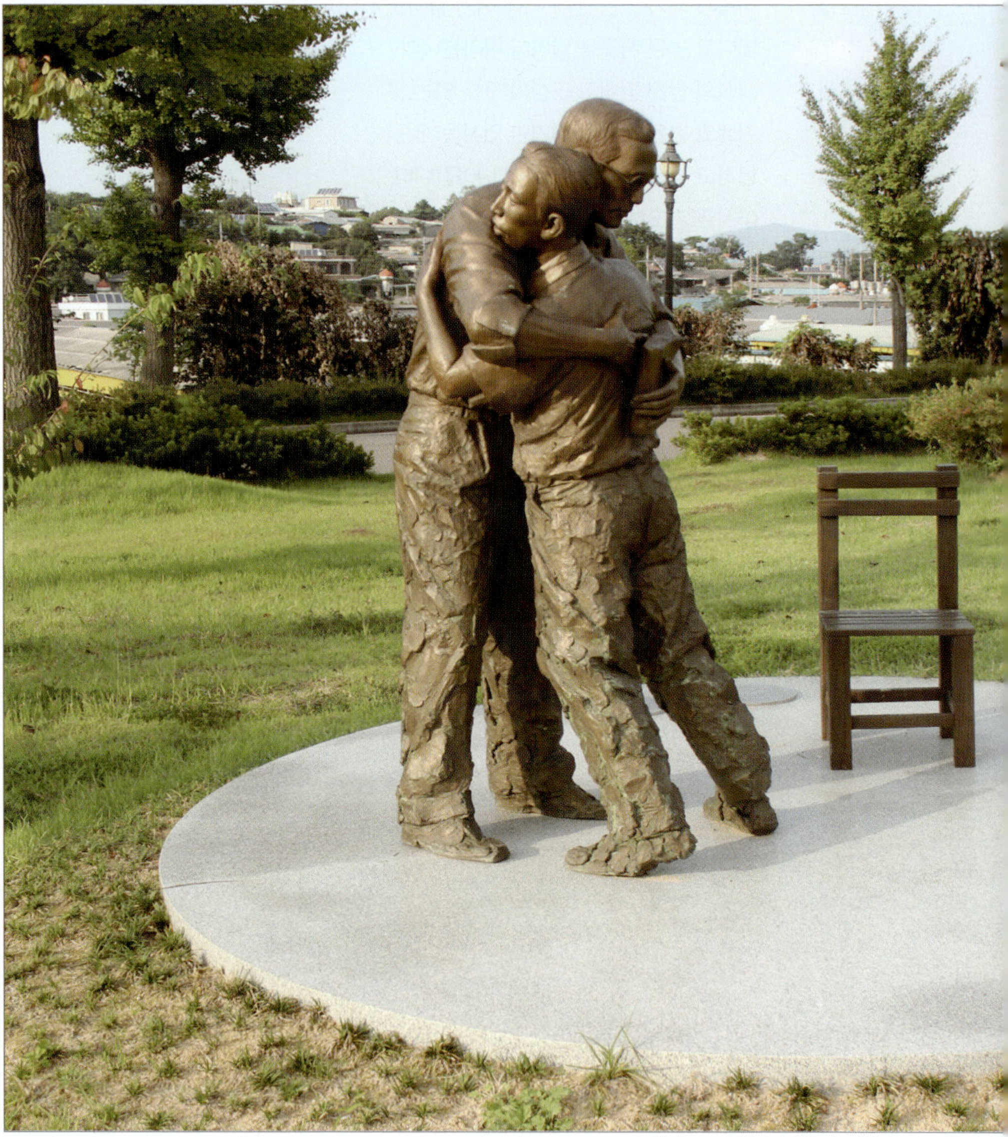

손양원 목사의 '화해와 용서' 상과 사랑의 열매탑이 순교기념관 맞은편의 기념공원에 세워져 있습니다. 사랑의 열매탑의 9개 계단은 손양원 목사의 9가지 감사 제목을 상징하고, 기둥 세 개는 삼부자의 순교를 의미합니다. 화해와 용서의 기념상은 손양원 목사가 두 아들을 죽인 원수를 안고 있는 모습을 형상화했습니다.

◇묵상◇

아홉 가지 감사

하나, 나 같은 죄인의 혈통에서 순교의 자식들을 나게 하셨으니 감사합니다.
둘, 허다한 많은 성도 중에서 이런 보배들을 나에게 맡겨 주셨으니 감사합니다.
셋, 3남 3녀 중에서도 가장 아름다운 두 아들, 장남과 차남을 바치게 하였으니 감사합니다.
넷, 한 아들의 순교도 귀하거늘 하물며 두 아들이 함께 순교했으니 더욱 감사합니다.
다섯, 예수 믿다가 누워 죽는 것도 큰 복이라 했는데 전도하다 총살 순교했으니 더욱 감사합니다.
여섯, 미국 유학 가려고 준비하던 내 아들이 미국보다 더 좋은 천국에 갔으니 내 마음이 안심되어 감사합니다.
일곱, 나의 사랑하는 두 아들을 총살한 원수를 회개시켜 내 아들 삼고자 하는 사랑의 마음을 주신 하나님께 감사합니다.
여덟, 내 두 아들로 말미암아 무수한 천국의 아들들이 생길 것이 믿어지니 감사합니다.
아홉, 이 같은 역경 중에서도 하나님의 사랑을 깨닫게 하시고 이길 수 있는 믿음을 주신 우리 주 예수 그리스도께 감사합니다.
-두 아들을 잃은 손양원 목사의 감사 기도글

"용서하면 용서했지 아들로 삼는다는 말은 무슨 말입니까? 아버님이 그놈을 아들로 삼을 거 같으면 나에게는 오빠가 되는 것인데 내 두 오빠를 죽인 원수가 어떻게 내 오빠가 된다는 말입니까? 하늘 아래 이런 일은 있을 수 없는 일입니다. 아버지, 제발 이러지 마세요" 하면서 "이렇게까지 하지 않으면 예수를 못 받느냐"고 아버지한테 소리를 쳤더니 아버님이 그래요.
"동희야, 성경말씀을 자세히 보아라. 성경말씀에 원수를 사랑하라 했다. 용서만 가지고는 안 된다. 사랑을 하라 했으니 아들을 삼아야 되지 않겠냐?"
-손동희(손양원 목사의 맏딸)

"용서는 한 순간에 이루어지는 걸로 알았는데 '한 순간'이 아니더라. 용서에는 긴 인내가 필요하다. 손 목사님도 분명 견디기 힘들 정도로 괴로워 몸부림치셨을 것이다. 손 목사님의 사모님도 자손들도 마찬가지였을 것이고, 나도 한때 그런 일을 한 아버지를 용서하지 못했다. 울분이 있었다. 그러나 우리가 예수님께 기도할 때 '용서받을 수 없는 죄인을 용서해 줘 감사하다'고 하지 않나. 그 고백을 끝내 실천해내는 게 사랑과 용서의 위대함이다. 용서의 열매는 오래 간다."
-안경선 목사(손양원 목사의 양손자)

| 더 알아보기 | QR코드를 스캔해 보세요 |

 ● 죽음 앞에서 찾은 답 "내가 널 용서했잖니…"
고 손양원 목사의 양손자 안경선 목사를 만나다 〈중앙일보〉 (2014.6.3)

09
손양원목사순교기념관

 30분 전시관람∨

손양원목사순교기념관은 손양원 목사의 순교신앙을 전승하고 애양원의 자료를 체계적으로 보관하고자, 지금은 고인이 된 애양원교회의 6대 담임목사였던 이광일 목사와 교인들에 의해 1993년에 준공되었습니다.

시옷(ㅅ) 형태의 기념관은 손양원 목사의 성씨 및 삼위일체, 그리고 손양원 목사와 순교한 그의 두 아들을 상징합니다. 2층으로 구성된 기념관에는 사진, 옥중편지, 기타 유품 등을 전시하고 있습니다.

10

카페 '오늘'

 20분 묵상∨ 기념품 구입∨

기념관 옆에 새로 자리한 카페에 앉아 애양원에서 받은 은혜를 기억하고 기록해봅니다. 카페에서는 손양원 목사와 관련된 책, CD, DVD, 기념엽서, 그리고 다양한 음료를 판매합니다.

순례 묵상 노트

*순례하면서 느낀 점을 기록하고 되새겨봅니다.

1. 윌슨 선교사와 토플 선교사를 비롯한 애양병원의 선교사들과 손양원 목사는 당시 가장 천대받던 한센병 환자에게 복음을 전하며 자신의 삶을 내어주었습니다. 당신에게 복음을 전해주었던 사람은 누구입니까? 그리고 지금 당신이 손을 내밀어야 할 이 땅의 작은 자들은 누구입니까?

2. 손양원 목사는 일제의 신사참배 요구에 저항하면서 끝까지 신앙의 정절을 지켰습니다. 또한 형무소에 수감되어 고문과 추위, 배고픔에 시달리면서도 하나님을 신뢰하며 고난을 이겨냈습니다. 당신은 고통을 인내하는 믿음을 소유하고 있습니까?

3. 손양원 목사의 아홉 가지 감사를 읽으며 어떤 느낌이 들었나요? 원수를 용서할 뿐 아니라 적극적으로 사랑했던 손양원 목사처럼 지금 당신이 용서하고 사랑할 사람은 누구입니까?

4. 손양원 목사는 한국전쟁의 위기 속에서도 애양원의 한센병 환자들을 떠나지 않았습니다. 그는 공산당에 붙잡혀 순교 당함으로 참 목자의 사랑을 보여주었습니다. 당신이 끝까지 지켜야 할 자리는 어디입니까? 당신은 참 목자입니까?

MEMO

02 순천 매곡동

하나님은 모든 사람이 구원을 받으며
진리를 아는 데에 이르기를 원하시느니라

디모데전서 2장 4절

한국에서 지역별 최고의 기독교 복음화 비율을 자랑하는 전남 동부지역의 중심지 순천! 100여 년 전 미국남장로교 선교사들의 헌신과 현지 지도자들의 자생적 복음수용을 통해 이곳 순천 매곡동 언덕은 교회, 병원, 학교가 들어서며 기독교 문화의 꽃을 피었다.

순례를 떠나기 전, 읽고 준비하기

전남 동부지역의 선교센터-순천선교지부

전라도 지역의 선교를 담당하였던 미국 남장로회 선교부는 전주(1895년)와 군산(1896년)에 선교지부를 건설한 이래 목포(1898년)와 광주(1904년)에 이어 1910년 순천에도 선교지부를 개설하기로 결정했다. 하지만, 선교사들이 들어가 본격적인 사역을 시작하기까지 4년여의 시간이 걸렸다.

1909년, 보성과 순천, 광양 등의 전남 동부지역을 담당하던 오웬이 급성폐렴으로 죽자, 광주에서 활동하던 유진 벨과 존 프레스톤(John F. Preston, 변요한)이 지역의 책임자로 순천지역을 방문하면서 순천선교지부의 필요성을 확인하고 돌아왔다. 당시 순천은 순천읍교회(현 순천중앙교회)를 비롯해 인근 지역에서 기독교 공동체가 자생적으로 형성되어 있었다. 1910년, 남장로회는 공식적으로 프레스톤과 코잇(Robert T. Coit, 고라복)을 순천선교지부 개척선교사로 임명하고, 아이들의 공동묘지(애기장터)로 사용된 순천 매곡동 언덕을 매입하여 선교부지를 확보했다. 인력과 경비문제를 해결해야 했던 프레스톤은 1911년 안식년 기간 미국으로 돌아가 선교사를 모집하는 한편, 기독실업인 조지 와츠(George Watts) 장로를 만나 순천선교지부 개척에 필요한 자금과 선교사 생활비를 지원해주겠다는 약속을 받고 돌아왔다.

마침내 1913년 4월, 광주에 있던 프레스톤과 코잇 가족이 순천에 먼저 도착했다. 하지만, 코잇의 두 자녀(네 살짜리 아들, 두 살짜리 딸)가 이질로 연이어 죽고 임신 중이던 코잇 부인 마저 이질에 감염돼 위독하게 되자, 순천의 선교지부 개척은 잠시 중단됐다. 광주에서 대기 중이던 순천선교지부의 선교사들은 이를 계기로 선교지부 개설 과정에서 잘못한 것은 없는지 스스로를 돌아보며 기도에 힘썼다. 이윽고 그해 가을, 선교사들은 순천에 와서 본격적인 사역을 시작했다.

순천선교지부의 개척자, 존 프레스톤

1875년 미국 조지아 출신으로 프린스턴신학교를 졸업하고 동 대학원에서 신학 및 영문학을 전공하였다. 1903년 11월 아내와 함께 목포에 도착한 그는 목포선교지부의 일을 담당하는 한편, 임성옥 조사와 함께 지방전도 여행을 떠나 강진의 학명리교회와 해남의 원진교회, 맹진교회, 남창교회를 세웠다. 이후 광주선교지부가 확장되자 1907년 광주로 이동하였고, 1909년 오웬이 갑자기 소천하자 오웬이 순회하며 전도하던 순천과 구례 등 전남 동부지역까지 맡아 사역하였다. 프레스톤은 달성경학교를 개설하여 농촌지역 지도자를 양성하는 데 힘썼다. 이 성경학교는 순천보통성경학교로 발전해 교역자와 목사들을 많이 배출하였다.

▌저자 직강!

김재현 원장의 핵심 강의

큐알(QR)코드를 스캔해 보세요. 순천 매곡동의 선교 유적지 소개를 볼 수 있어요!

▌이 책은 읽고 가자

| **예수 사랑을 실천한 목포 순천이야기** 이덕주 | 진흥 | 2008

이덕주 교수의 전라남도 목포-순천지역의 기독교 문화유산을 정리한 글.

| **전남동부 기독교 선교와 한국사회** 국립순천대학교 인문학술원, 종교역사문화센터 | 선인 | 2019

전남 동부지역 사회의 근대적 발전과 기독교 선교의 관계를 연구한 국립순천대학교 인문학술원의 첫 번째 책.

순천 매곡동 한눈에 보기

▷ 총 예상시간: 1시간 40분

	예상소요시간	포인트
출발 01 순천중앙교회_프레스톤기념비	10'	*순천중앙교회 예배당 내부에는 역사를 알 수 있는 오래된 사진이 전시되어 있다.
02 순천기독진료소	20'	*건물 앞에서 기념촬영! *순천기독진료소 오른편 마당에는 순천기독교의 역사를 알 수 있는 많은 기념비석이 있다. 기념비석 앞에서 묵상글을 읽어보자!
03 매곡동 언덕길(매산등)	10'	*선교박물관까지 올라가는 길에는 다양한 볼거리가 있다. 당시 선교사들이 찍은 순천의 모습들과 당시의 자동차가 전시되어 있다.
04 순천매산여자고등학교_프레스톤가옥	5'	*오랜 역사와 전통을 자랑하는 순천의 기독교명문학교! 설립자 프레스톤이 살았다던 가옥에서 기념촬영!
05 순천시기독교역사박물관	30'	*도슨트 설명을 통해 순천기독교의 역사를 깊이 알아보자!
06 공마당길 야생화 그림거리	10'	*한국의 야생화 그림을 감상해보자.
07 안력산 의료문화센터	10'	*전시관을 관람해보자.
08 순천매산고등학교_학도병 조형물	5'	

알아두면 좋은 Tip

주차 매산뜰 주차장(순천매산고등학교 앞)에 주차 가능

기념관 관람
• 순천시기독교역사박물관 061)749-4530
   운영일 월-토요일 09:00-18:00
   휴관일 매주 일요일, 1월1일, 설 및 추석 당일, 기타 지정일
• 안력산 의료문화센터 근대의료역사실/안력산실
   운영일 월-토요일 09:00-18:00

순천 매곡동 순례 실전편

01
순천중앙교회_프레스톤기념비

순천지역의 모교회인 순천중앙교회는 1907년 순천의 신앙공동체가 유생들의 교육기관이었던 양사재를 빌려 예배를 드리면서 시작되었습니다. 이후 존 프레스톤 선교사가 당회장이 되어 교회를 돌보았고, 순천선교지부가 개설되자 1910년 3월 현재의 터인 매곡동 144-2번지로 교회를 이전하였습니다.

100여 년이 넘는 역사를 가진 순천중앙교회에는 기독교의 중요한 인물들이 거쳐 간 곳입니다. 한국 장로교 최초의 7인 목사 중 한 명인 이기풍이 3대 목사(1920-1924)로, 독립운동가 박용희가 7대 목사(1938-1940)로 섬겼고, 유진 벨의 외손자 휴 린튼이 거쳐 갔습니다.

현재 교회 앞마당에는 교회 설립 100주년을 기념하여 제작된 조형물이 세워져 있습니다. 기념물 기둥에는 초대 당회장인 존 프레스톤 선교사 등을 부조로 새겨 넣었으며, 상단부에는 교회에서 당시 사용했던 종을 설치했습니다.

더 알아보기
QR코드를 스캔해 보세요

● 박종하 장로(순천중앙교회) 인터뷰
순천중앙교회의 역사 이야기

02

순천기독진료소(등록문화재 제127호)

순천중앙교회를 지나 골목으로 올라가면 담쟁이덩굴로 덮인 담장 너머로 순천기독진료소가 보입니다. 건립 당시의 모습을 거의 완벽하게 유지하고 있는 순천기독진료소 건물은 현재까지도 지역 병원으로 사용되고 있습니다.

1925년 무렵에 지어진 이 건물은 순천선교의 선구자인 프레스톤 선교사가 현지인 교회 지도자를 양성할 목적으로 세워졌습니다. 당시 건축 자금을 지원한 조지 와츠 장로의 이름을 따와 '조지와츠기념관'으로 불렸던 이 건물은 그 후 성경학교, 선교사 숙소, 순천노회 교육관 등으로 다양하게 사용되었습니다. 1960년부터는 유진 벨의 외손주, 휴 린튼(Hugh Linton, 인휴) 부부가 이곳에서 결핵 환자들을 위한 기독진료소로 개설해 요양원과 보호소까지 함께 운영했습니다.

순천기독진료소 우측 마당에는 순천지역 교회의 역사를 보여주는 각종 비석과 선교기념비들이 세워져 있습니다. 그중 원탁회의기념비는 '순천노회 원탁사건(1940)'으로 구속된 교회의 지도자들을 기념하기 위해 세워졌습니다. 일제 말, 순천중앙교회 담임목사 박용희와 장로 황두연이 청년들의 성경공부모임인 '원탁회'를 지도했는데, 소속 청년 강창원의 신사참배에 관한 글이 일본 경찰에 의해 발각되면서 순천노회 교회 지도자들(손양원, 이기풍, 양용근, 박용희 목사 등)이 전원 구

속당했습니다. 이렇듯 일제는 신사참배를 완강히 거부하는 순천노회를 와해시키려 했는데, 이것이 바로 '순천노회 원탁사건'입니다.

한쪽에는 두 자녀를 잃고도 순천지역 선교에 헌신했던 코잇 선교사의 공덕비와 순천선교부 건립에 재정적 도움을 준 미국의 기업인 '조지 왓츠'의 기념비가 있습니다. 이처럼 이름 모를 평신도 신자들의 헌신이 있었기에 순천 지역의 복음이 편만하게 전해질 수 있었습니다.

◇묵상◇

《어머니 박정숙 여사 문집, 만세혼》을 통해 본 일제 말 기독교 수난의 기록

*박용희 목사(순천중앙교회 7대 담임목사)의 딸, 박정숙 여사의 원고를 묶은 책. 그녀가 작고한 후, 그의 자손들이 어머니를 기억하기 위해 2001년 출판사 에프 커뮤니케이션즈와 함께 펴냈다.

매산학교가 폐교된 후 학업이 중단된 소년들에게 소년 면려회마저 해체 명령이 내려지자, 무엇이든지 배움을 갈구하는 이들 청소년 선도를 소중히 여기시는 교회 책임자인 아버지가 해산을 아쉬워하는 소년들을 위해 원탁회라는 말 그대로 매주 금요일 밤 둥그렇게 둘러 모여 성경을 읽으며 좌담하는 모임으로 지도를 계속하였다. 그중에 병원 약국 내의 제약실 견습생인 17세 소년 강창원이 있었다. 강창원은 매산학교를 졸업한 후 장래 의사가 되려는 포부를 품고 자습을 하며 약국에서 일하는 독학 소년이었다. 병원 직원들의 가택을 수색하는 틈바구니에서 강창원의 일기장 글귀, "신사참배도 우상숭배다"로 인해 순천 지방이 벌컥 뒤집히는 벌집 같은 큰 소란이 일어날 줄이야 누가 짐작이나 했겠는가. (중략)

1940년 10월 아버지가 순천경찰서에 구금되었다. 그러던 중 의외의 사태가 벌어졌다. 순천은 물론 일대 구례, 곡성, 벌교, 고흥, 보성, 광양, 여수, 순천 등에서 목사와 장로는 물론 제직 중에서도 중요한 책임자 등 수백 명이 일제히 각 지방 유치장에 만원 사태로 수감되어 버렸다. 기독교에 대해서는 백지와 다름없는 경찰이 목사들을 들볶으려는 과정에 앞서 아버지가 취조관 가루베에게 항의를 하였다.

"내가 당신에게 대답하기 앞서 꼭 들어주어야 할 일이 있소. 왜 수많은 교인들을 수감하였소? 그들은 아무것도 모르오. 내가 순천교회 당회장이고 순천지방 노회장이니 내 책임이오. 내가 책임지겠으니 모두 석방시키시오. 그렇지 않고는 당신 물음에 응하지 않겠소."

아버지는 완강히 거부하였고 그리하여 교회 제직들은 석방되었다. 일본 경찰은 일제에 굴하지 않은 아버지를 스파이로 몰고 미워했다.

형무관은 100촉 이상의 전구를 아버지 머리 위에 바짝 대어 전기고문으로 2주야를 보내어 잠 한숨도 안 재우고 미동도 못하게 하여 공갈 협박했다. (중략) 실형을 받은 후는 사상범 동지끼리 수용되었다. 아버지, 오석주 목사, 나덕환 목사, 손양원 목사, 이정우가 감방 동지였다. 겨울에는 찬 바닥에서 냉기가 스며들고, 등이 시려 좀처럼 잠을 이룰 수 없어서, 서로 엇갈려 누워 옆의 사람 다리를 양 겨드랑이에 끼워주고 얼음이 들지 않게 따뜻한 입김을 후후 불어서 주물러 주었다.

03
매곡동 언덕길(매산등)   10분 기념촬영 ∨

순천기독진료소에서 순천기독교역사박물관까지 이르는, 약 500m 남짓한 짧은 골목길에는 선교사들이 타고 다녔던 근대식 자동차를 비롯해 순천 과거의 풍경들을 볼 수 있는 다양한 전시물들이 있습니다.

04
순천매산여자고등학교_프레스톤 가옥(등록문화재 제126호)   5분 기념촬영 ∨

매산학교는 1910년 4월, 존 프레스톤과 코잇 선교사가 가난한 아이들에게 영어와 성경을 가르치면서 시작되었습니다. 1913년 9월, 정부의 인가를 받아 은성학교로 개교하였으나, 성경을 가르치지 못하게 하는 일본의 사립학교규칙에 의해 1916년 자진 폐교하였습니다. 매산학교는 1921년 존 크레인(John C. Crane) 교장의 지도하에 다시 개교하였는데, 당시 순천중앙교회 담임목사였던 이기풍 목사와 지역민들의 요구에 따라 매산학교 고등과를 개설했습니다. 하지만, 신사참배 거부로 1937년 두 번째로 자진 폐교하였고, 광복 후 다시 문을 열어 현재는 순천매산중학교, 매산고등학교, 매산여자고등학교로 이어져오고 있습니다.

순천매산학교 교정에는 1930년대 지어진 매산관(등록문화재 제123호), 초창기 순천선교지부 설립에 힘썼던 프레스톤 선교사의 사택(등록문화재 제126호), 결핵퇴치사업에 헌신했던 휴 린튼이 살았던 가옥이자 의료선교사 로저스가 살았던 로저스 가옥이 지금도 보존·사용되고 있습니다.

> **더 알아보기** QR코드를 스캔해 보세요
>
>
> ● 김태곤 전도사(순천성광교회) 인터뷰
>   프레스톤, 코잇, 크레인 선교사 이야기

05
순천시기독교역사박물관

순천선교 100주년을 기념해 2012년 개관하였습니다. 지하 1층, 지상 2층으로 구성된 박물관에는 기독교 역사와 관련된 650여 점의 서적, 사진, 집기류를 전시하고 있어 전남 동부지역의 기독교역사와 지역문화를 경험할 수 있으며 신앙 서적을 읽을 수 있는 북 카페가 마련되어 있습니다.

06

공마당길 야생화 그림거리

박물관에서 나와 갈림길 오른쪽으로 올라가다 보면 플로렌스 크레인(Florence H. Crane) 여사가 펴낸 한국 들꽃의 그림과 이야기를 볼 수 있습니다. 플로렌스 여사는 1912년 한국에 선교사로 온 존 크레인 목사의 부인으로, 이들 부부는 매산학교에서 10여 년 간 교육사업에 힘썼습니다. 플로렌스 여사는 매산학교에서 미술을 가르치며, 한국 야생화와 과일, 채소, 등을 관찰하고 기록하여 1931년에 《한국 들꽃의 이야기》(Flowers and Folk-lore from Far Korea)를 출간했습니다.

공마당길(매산여자고등학교 맞은편 언덕) 위쪽 언덕에는 일반인 통제지역으로 들어갈 수 없지만, 코잇 가옥을 비롯해 선교사 자녀를 교육했던 선교부 외국인 어린이학교가 자리하고 있습니다.

더 알아보기
QR코드를 스캔해 보세요

● [최석호의 골목길 역사산책]플로렌스가 그린 우리나라 들꽃, 〈기독신문〉, (2019.6.18)

"삼천리 방방곡곡 없는 데 없이 피어나는 무궁화는 꺾꽂이만 해도 금방 자란다. 무궁화는 아무리 꺾어도 다시 자란다. 그래서 조선을 상징하는 국화다. 세 강대국 틈바구니에 낀 작은 반도국가 조선은 꺾일 수밖에 없는 운명을 타고났기 때문이다. 그래서 온 국민이 무궁화를 사랑한다." —플로렌스 크레인의 글

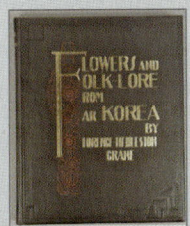

07
안력산 의료문화센터(안력산병원 격리병동)

안력산 문화의료센터는 미국 남장로회의 의료기관이었던 안력산병원의 역사와 자료 등을 정리해놓은 역사-문화 공간입니다. 앞마당에는 인휴 선교사의 아들 인요한 박사와 한국인 의사들이 만든 최초의 한국형 구급차가 전시되어 있습니다.

순천의료선교는 1913년 헨리 티몬스(Henry L. Timmons, 김로라) 의사와 안나 그리어(Anna L. Greer, 기안라) 간호사에 의해 시작되었습니다. 1916년, 의료선교사 존 알렉산더(John A. Alexander, 안력산)의 후원으로 30개의 병상을 갖춘 3층 건물을 짓고, '안력산'이라 이름 붙였는데 이후 안력산병원은 전남동부지역의 대표적인 현대식 종합병원으로 자리매김합니다. 특별히, 유료환자보다 무료환자가 많을 정도로 무료진료로 명성이 높았으며 이로 인해 지역민들에게 복음을 전하는 데 결정적인 영향을 끼쳤습니다.

안력산병원은 1941년까지 운영되었으며 광복 이후 매산고등학교 기숙사로 사용되다가 1991년 안타깝게 화재로 소실되었습니다. 현재는 안력산병원의 부속사인 격리병동만이 이 자리에 남아 있습니다. 순천시는 격리병동을 매입하여 2017년 원형 모습으로 복원 및 리모델링 하였습니다.

08
순천매산고등학교_학도병 조형물

순천매산고등학교 담벼락에는 한국전쟁 당시 학도병으로 지원했던 매산학교 학생들의 충정을 기리는 '찬란한 꿈'이라는 작품이 걸려 있습니다.

1950년 7월, 한국전쟁 소식을 들은 매산학교 32명의 학생들이 혈서 입대 지원서를 제출하고, 학도병으로 지원합니다. 이처럼 순천을 비롯해 여수, 광양, 벌교, 보성, 강진 등에서 모인 지원 학도병 180여 명은 순천역에 집결하여 9일간 기초 군사훈련을 받고 7월 25일, 하동군 화개장터에 참전했는데, 이곳에서 약 30여 명의 학도병이 죽거나 다쳤습니다. 이후에 학도병들은 각 부대로 흩어져 전쟁에 참여했습니다.

현재 매산고등학교 교정에는 이들을 기리기 위해 6·25참전기념비가 세워져 있습니다.

순례 묵상 노트

*순례하면서 느낀 점을 기록하고 되새겨 봅니다.

1. 순천의 매곡동 언덕은 원래 가난한 아이들의 무덤이 있던 곳으로 황폐하고 소망이 없던 공간이었습니다. 그러나 복음이 들어온 후 이곳에는 아이들에게 소망을 주는 학교가, 육신을 치료하는 병원이, 그리고 영혼의 양식을 주는 교회가 세워집니다. 예수님을 만나면서 당신의 삶에 어떠한 변화가 있었는지 함께 나누어 봅시다.

2. 프레스톤, 코잇, 린튼 등 수많은 남장로교 선교사들의 헌신과 노고로 순천-광양-여수-구례-고흥 지역에 왕성하게 복음이 전해집니다. 더불어 바다 건너 이름 모르는 평신도들의 애타는 기도와 물질적 지원이 있었기에 복음이 편만하게 전해질 수 있었습니다.
우리가 예수그리스도의 사랑을 전해야 할 곳은 어디입니까? 당신은 선교지를 위해 기도하며 헌신하고 있습니까?

3. 신사참배에 끝까지 반대했던 순천노회는 결국 일본의 모의로 교회의 지도자들 수백 명이 감옥에 수감되는 등 큰 어려움을 겪습니다. 박용희, 양용근, 손양원 목사 등의 순천 노회 지도자들은 광주 형무소까지 끌려가 모진 박해와 수난을 당하지만 끝까지 굴복하지 않았습니다.
우리의 신앙은 지금 어떠한 상태입니까? 어떠한 상황에서도 예수 그리스도만이 우리의 참 주인이라는 고백을 할 수 있습니까?

MEMO

03 고흥 소록도

비록 무화과나무가 무성하지 못하며 포도나무에 열매가 없으며 감람 나무에 소출이 없으며 밭에 먹을 것이 없으며 밭에 먹을 것이 없으며 우리에 양이 없으며 외양간에 소가 없을지라도 나는 여호와로 말미 암아 즐거워하며 나의 구원의 하나님으로 말미암아 기뻐하리로다

하박국 3장 17-18절

지붕 없는 미술관으로 불리는 고흥의 남단에는 하늘과 땅을 잇는 두 개의 중요한 장소가 있다. 과학기술로 하늘과 땅을 잇는 나로우주센터가 오른쪽에, 절규와 기도로 하늘과 땅을 잇는 소록도가 왼쪽에 있다. 어린 사슴 모양을 닮은 소록도에는 성도들의 아픈 역사와 감동적인 이야기가 숨어 있다.

순례를 떠나기 전, 읽고 준비하기

소록도의 역사

한국의 대표적인 한센인 거주지로 한반도의 남쪽인 전라남도 고흥군에 속한 섬이다. 섬의 모양이 아기사슴을 닮았다고 해서 '소록도'라고 불린다. 일제강점기인 1916년 조선총독부에 의해 나환자 전문치료소인 자혜의원이 소록도에서 문을 열었고, 한센인 치료소에서 정착지로 변해오면서 오랫동안 외부와 단절되었다. 1945년까지 5명의 일본인 원장들이 운영했으며, 환자들에 대한 수많은 노동력 착취, 인권 유린, 종교적인 박해가 있었다. 해방 전 거주민들의 숫자는 6천 명을 넘기도 했다. 해방 이후 한국 정부가 운영을 해왔지만, 환자들에 대한 억압과 착취는 그 후로도 오랫동안 계속되었다. 1980년대 들어 소록도는 외부에 개방되기 시작했고, 2009년 소록대교가 개통되면서 소록도중앙공원을 비롯한 일부 시설은 일반인들에게 잘 알려진 관광코스가 되었다. 국립소록도병원으로 자리한 소록도는 2016년 설립 100주년을 맞이했으며, 현재 600여 명의 주민이 거주하고 있다. 소록도에는 1916년에 세워진 자혜의원 본관과 주민들의 억압의 장소였던 감금실을 비롯해 지정문화재로 지정된 건물 12개가 자리하고 있다.

암울했던 역사만큼이나 소록도 기독교는 수난을 통해 수많은 감동적인 이야기를 만들어 내었다. 1921년 소록도 한센병 환자들에게 존경을 받았던 2대 원장 하나이 젠키치(花井善吉)의 배려로 소록도에 기독교가 전파되었다. 그러나 하나이 원장 이후 악독한 일본 원장들이 소록도 성도들에게 신사참배를 강요하였고, 해방 후에도 교회로 사용하던 건물이 병원의 소유라는 이유로 예배 처소를 빼앗기는 아픔을 겪기도 하였다. 그러나 소록도 성도들은 새로 부임한 김두영 목사를 중심으로 소록도에 신생리, 구북리, 서생리, 남생리, 동생리, 장안리에 6개의 예배당을 신축하는 기적을 이루었다.

■ 저자 직강!

김재현 원장의 핵심 강의
큐알(QR)코드를 스캔해 보세요.
소록도의 아픔의 역사와 감동적인 이야기를 볼 수 있어요!

■ 이 책은 읽고 가자

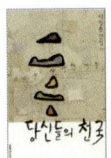   

| [소설]당신들의 천국 이청준 | 문학과지성사 | 2012
  소록도를 배경으로 펼쳐지는 환자들과 병원장과의 갈등의 이야기.
  이청준 소설가의 대표작.

| [만화]소록도 가는 길 김재욱 | 키아츠 | 2016
  아이들과 함께 읽을 수 있는 소록도 이야기.

| 소록도 100년의 이야기 김재현 | 키아츠 | 2016
  소록도 100년의 역사를 다룬 책.

| [소설]작은 사슴들의 이야기 박지연 | 키아츠 | 2016
  소록도 주민들과 인터뷰한 내용을 바탕으로 쓰여진 이야기.

■ 이 영화/다큐는 보고 가자

| 마리안느와 마가렛(2017)_78분
  마리안느와 마가렛이 소록도에서 보낸 43년의 이야기

| [CGN 다큐멘터리] 소록도에 가고 싶다(2부작)(2005)_ 1부 38분, 2부 50분
  천국의 소망을 안고 살아가는 소록도 주민들의 이야기를 다룬 다큐

| 소록도 아리랑 (2012)_ 30분
  키아츠에서 제작한 소록도 100년의 역사를 다룬 다큐

고흥 소록도 한눈에 보기

▷ 총 예상시간: 3시간 40분

	출발	예상소요시간	포인트
01	수탄장	10'	
02	구 소록도 갱생원 감금실	15'	*한센병 환자를 불법적으로 감금하여 억압했던 공간!
03	구 소록도 갱생원 검시실	15'	*검시실 또는 해부실로 불린 공간! 벽에는 한센인들의 한이 담겨진 시 문구가 걸려 있다.
04	국립소록도병원 한센병 박물관	30'	*한센인들의 삶과 생활을 엿볼 수 있는 곳! 도슨트의 설명을 들어보자!
05	소록도중앙교회	30'	*목사님을 통해 소록도 교회의 역사를 자세히 들어보자.
06	구 소록도 성실중·고등성경학교 교사	10'	
07	동성교회	20'	*비탈진 바위 위에 세워진 동성교회! 그 사연을 알아보자.
08	식량창고	10'	*한센인들의 강제 노역으로 세워진 식량창고! 한센인의 땀과 눈물을 느껴보자.
09	남성교회	20'	*손가락 없는 피아니스트 하인종 집사의 이야기가 서려있는 곳!
10	소록도 자혜의원 본관	20'	*일본인 하나이 원장의 창덕비가 있으니 둘러보자!
11	소록도 갱생원 만령당	10'	*한센인이 이 땅에서 마지막으로 머물다 가던 곳. 한센인들의 삶을 묵상해보자.
12	소록도 중앙공원	30'	*깔끔하게 정돈된 나무들과 함께 한하운 시비를 비롯한 여러 기념비들이 세워져 있다. 이곳에서 느낀점을 적어보자!

알아두면 좋은 Tip

소록도 방문 시간이 정해져 있으니 확인하고 가자. 외부차량 진입시간 : 09:00 ~ 17:00
소록도 마을 주민들이 생활하고 있는 소록도 마을은 일반인 출입금지 지역이다.
하지만 소록도자치위원회에 연락하여 방문 허가를 받으면 소록도 마을 안내를 받을 수 있으므로 참조하자.

주차 국립소록도병원 한센병 박물관 주차장
기념관 관람
- 국립소록도병원 한센병 박물관
  문의 061)840-0692
  운영일 월-일요일 09:00-16:30
  휴관일 매주 월요일, 1월1일, 설날 및 추석 연휴

고흥 소록도 순례 실전편

01
수탄장

소록대교를 건너 국립소록도병원으로 들어가는 입구에는 울창하게 우거진 소나무 길이 있습니다. 이곳은 '수탄장'이라 불렸던 곳으로, 한센병에 걸린 부모와 아직 병에 걸리지 않아 격리되었던 그들의 자녀들이 만나는 장소였습니다. 말 그대로 수심과 탄식의 장인 이곳에서 정기적으로 만난 부모와 자녀들은 네댓 걸음 떨어진 채로 그저 바라볼 수밖에 없었습니다.

다. 행여 병균이 옮을까 조치를 취한 것이지만 부모와 아이들 모두에게 큰 상처를 주는 일이었습니다.

소나무숲의 아름다움 만큼 가슴 아픈 사연을 간직한 이 길을 걸으면서 수탄장에 서 있는 한센인의 심정을 묵상해봅시다.

02

구 소록도 갱생원 감금실(등록문화재 제67호)

소록도 중앙리에 있는 붉은 벽돌의 감금실은 일제 시대인 1935년에 완공되어 한센병 환자를 불법적으로 감금하고 억압했던 공간입니다. 감금실은 원장이 법의 절차 없이 한센인들을 구금하고, 감식하며 체벌도 할 수 있는 곳이었습니다.

03

구 소록도 갱생원 검시실(등록문화재 제66호)

1934년에 건립된 검시실은 두 칸으로 나뉘어 있는데, 전면의 넓은 공간은 주로 사망 환자의 검시를 위한 해부실로 사용하였습니다. 사망 환자는 본인의 의사와는 관계없이 이 검시실에서 사망 원인에 대한 검시 절차를 마친 뒤에야 장례식을 거행할 수 있었고, 시신은 구북리에 있는 화장장에서 화장되어 가로, 세로, 높이가 각각 20cm 정도인 나무상자에 담겨 만령당에 안치되었습니다.

검시실 옆 방은 단종 수술(남성의 불임수술)을 집행했던 곳입니다. 단종 수술은 처음에는 한센병 환자의 절멸책으로 1936년부터 시행되었으나, 후에는 환자들을 억압하는 수단으로 사용되어 감금실에 수용되었다가 출감하는 환자들에게 어김없이 행해졌습니다.

04
국립소록도병원 한센병 박물관

 30분 기념촬영 V 전시관람 V

국립소록도병원은 개원 100주년을 맞아 상설 전시실, 기획 전시실, 수장고, 도서실, 교육장 등을 갖춘 한센병 박물관을 2016년에 개관하였습니다. 상설 전시실에는 병원 관련 유물과 한센인의 유품 및 생활용품이 전시되어 있고, 로비에는 소록도를 주제로 제작된 작품들이 전시되어 있습니다.

05
소록도 중앙교회

 30분 기념촬영 V 찬양묵상 V

소록도 중앙교회는 소록도 교인 전체가 함께 모여 예배할 수 있는 교회로 1964년 중앙리에 준공되었습니다. 중앙교회 앞뜰에는 김정복 목사의 순교를 기리는 "샛별"이라는 시문이 기록된 김정복 목사 순교기념비와 오늘날의 소록도 교회들을 있게 한 김두영 목사님의 기념비가 세워져 있습니다. 1946년에 소록도교회에 부임한 김정복 목사는 당회를 조직하고 한센

병 환자와 소록도 형무소의 재소자를 섬기는 사역에 헌신했습니다. 그에게는 육신의 자녀가 없었기 때문에 소록도 환우들이 모두 그의 자녀였습니다. 김정복 목사는 한국전쟁 당시 끝까지 피신을 거절하며 평소 기도하던 소록도의 기도굴에서 기도하다가 인민군에게 붙잡혀 순교당했습니다. 김정복 목사의 묘지는 고흥읍 남방 1km 지점의 도로 왼편 산기슭에 위치해 있습니다.

◇ 묵상 ◇

샛별

인생은 가지만 말씀은 계속 흐르고
역사는 바뀌지만 여전하리
고인의 발자국은 순교의 꽃이 되고
천시받던 십자가는 승리를 가져오리
핏줄 없는 설움보다
더욱 애닮은 복음 사역

후계자를 평생 그리워
버림받은 병든 양떼 가슴에 안고
말씀으로 가꾸고 기도로 길러
보석보다 귀한 은혜 복음 사명을
이 동산 양떼에게 맡겨 주셨네

오직 불구 이 몸 묶여 예수 이름을
멀리 가서 사람에게 못 전도하나
별 따라 순교의 피여
십자가 제단 앞에 쪼개 들려서
산 제물로 주님 뒤를 따라가리라

◇ 묵상 ◇

안개와 같이 사라질 육체를 위하여 연연하지 말고
영생토록 있을 양식을 위하여

〈성서조선〉을 통해 일제 강점기 소록도 이야기를 생생하게 전달해준 윤일심의 이야기 한 토막

'우리에게 건강을 주소서!' 함은 만인의 절대 소망하는 바이며 '신체는 만사의 본(本)이다!' 함은 질병의 쓰라린 체험에서 우러난 절규이었으나, 요컨대 이는 '너의 생명이 무엇이냐 너희는 잠깐 보이다가 없어질 안개니라'(약 4:14) 한 성인 야고보의 말씀을 깨닫지 못하고 불과 칠십에 없어질 초로 인생의 장래임을 생각지 않고 잠깐 오는 행복과 향락만을 구하는 유물주의자들의 안타까운 소망이었으니, 만리장성을 하루아침에 쌓고 영생 불사약을 구하려거든 진시황과 같은 사람이라 할 것이다.

귀 있으면 와서 들으라. 단말마의 부르짖음이 아니라 오히려 찬미, 오히려 기도 하는 그 기쁨으로 새 나라로 길 떠나는 이 광경을! 질병 이것이 무슨 공포가 되며 이것이 무슨 힘을 가졌는가. 힘이 있다면 그것은 필경 없어질 육의 생명을 단축할 뿐이요, 썩어질 육체를 좀 먹을 뿐이다. 그러므로 질병 그것의 힘은 우리의 신앙에는 하등의 힘이 못 된다.

건강한 육체를 가지고도 조그마한 질병에 못 이겨 한숨과 눈물짓는 자가 있으면 이제 절대 마병(魔病)과 싸우는 우리의 입에서 나가는 말을 귀 기울여 들어보소서. 박학능필(博學能筆)로서 호화로운 자리에 앉아 발하는 지상미문(紙上美文)이 아니라 문제인 질병의 그늘 속에서 부르짖는 쓰라린 체험에서 우러나오는 간증이다.

"썩어질 양식을 위하여 일하지 말고 영생토록 있을 양식을 위하여야 할지어다"(요 6:27) 하신 말씀은 과연 무엇을 의미하였던가. 썩어질 육신을 위하여 전전불식(輾轉不息)하는 인생에게 대한 대경고가 아니었던가. 고로 다시 한번 경성하사이다. 썩어질 양식을 위하여, 안개와 같이 사라질 육체를 위하여 연연하지 말고 영생토록 있을 양식을 위하여 일합시다.

동물적 생명을 끊어 사망에 이르기까지 육체를 좀먹음을 육체의 질병이라 할진대, 영혼을 사망시켜 유황 불구덩이에 거꾸러뜨리는 것을 영혼의 질병이라 할까 한다. 대체 병소(病素, 병의 원인)란 [영, 육의] 외부에 있는 것이 아니라 내부에 있는 것이니 육체의 병소는 체내에 기생하고 영의 병소는 마음에 기생한다. 이 마음에 기생하는 병소란 곧 사단이라 하는 것이니 사람의 마음속에 잠재하

여 자기의 마력을 발휘하려 한다. 이것을 곧 심령의 질병이라 할 것이다. 고로 우리는 마음속에 기생하는 사단의 (신자에게는 본능, 혹은 시험이라 할까) 세력을 억제하기에 전력하여야 할 것이다. 심령의 질병. 아! 이야말로 무한의 고민과 공포요, 절대적 사망의 관문이다. 만일 동물적 생명이 끊어질 그 날까지 이 무서운 심령의 질병을 치료치 못하면 머지않아 절대 무한의 유황 불구덩이에서 영원토록 신음할 것이다(계 20:15). 고로 우리는 먼저 심령의 건강자가 되어야 할 것이다.

-《성서조선》제82호(1935.11)

한줄묵상
안개와 같이 사라질 육체에 연연하지 않고 영생토록 있을 양식을 위해 살게 하소서

06
구 소록도 성실중·고등성경학교 교사(등록문화재 제74호)

소록도 성실중·고등성경학교는 1957년 5월 대한예수교장로회 소록교회 연합 당회에서 교역자 양성을 목적으로 설립하였습니다. 성실중·고등성경학교는 해방 직후 혼란스러웠던 현대사에서 자립하고자 했던 한센병 환자들의 자녀에 대한 교육열과 의지를 볼 수 있는 중요한 건축물이며, 그 양식에서도 전통과 근대적 요소가 같이 나타나 있어서 그 중요성이 더욱 큽니다. 1957년 개교하여 1983년 23회로 학교가 문을 닫기까지 총 151명의 졸업생을 배출하였습니다.

07

동성교회

 20분 기념촬영 V 찬양묵상 V

1964년에 세워진 동성교회는 거금대교와 금산 쪽 해안가를 바라볼 수 있는 동생리 바닷가에 자리 잡고 있습니다. 아름다운 전망을 자랑하는 동성교회에는 교회 건축과 관련된 가슴 아픈 사연이 있습니다. 병원 측에서 해안가와 마주한 절벽 쪽에 교회를 지으라고 터를 내주었는데, 바위가 많고 비탈이 있어 교회를 짓는 것이 거의 불가능했습니다. 그러나 성도들은 절망하지 않고 해안가를  따라 긴 축대를 쌓고, 바윗돌을 긁어내며 교회를 세워나갔습니다. 손가락이 없는 교인들은 숟가락을 고무줄로 팔목에 메고 절벽을 긁어 교회를 세우는 데 힘을 보탰습니다.

08

식량창고

 10분 기념촬영 V

소록도 한센인들의 식량을 보관하기 위해 1940년대 만들어진 건물입니다. 건물 한 면만 육지에 닿아 있고 삼면은 바다에 쌓은 기초 위에 아치 형태의 다리로 건물을 지탱하게 하여 조수 간만의 차에 의한 공기 순환을 유도해 식량을 보존했습니다. 이 건물을 120일이라는 단기간에 완공하기까지는 밤낮없이 강제 노역에 시달린 한센인의 땀과 눈물이 있었습니다.

09
남성교회

남생리의 남성교회는 1963년 12월 24일 성탄 전날에 준공되었습니다. 남성교회는 '손가락 없는 피아니스트' 하인종 집사가 매 주일 예배 반주를 한 교회로 잘 알려져 있습니다. 하인종 집사는 1946년 소록도에 들어온 후 병환이 악화되어 손가락도 하나 없이 양다리까지 잘린 장애인이 되었지만, 매 주일 남성교회에서 예배 반주를 하였습니다. 하늘에 소망을 두고 남성교회를 섬겨온 하인종 집사는 2008년 4월 25일 79세의 나이로 세상을 떠났습니다.

"내가 소록도에 옴으로써 하나님을 알고, 보잘것없는 나를 하나님께서 필요로 하시는 데 이보다 더 영광스러운 일이 어디 있을까요?"

◇ 묵상 ◇

소록도 교회 건축의 기적

1961년 소록도에 부임한 조창원 원장은 오마도 간척사업을 추진하는 한편 소록도의 기독교인들이 예배당으로 사용하던 건물을 국가 소유라고 주장하며 중앙공회당에서 연합예배를 드리도록 했습니다. 신앙의 힘으로 살아가던 소록도의 성도들은 절망에 빠질 수밖에 없었습니다. 그러나 소록도교회에 새로 부임한 김두영 목사의 지도하에 성도들은 힘을 모아 신생리, 구북리, 서생리, 남생리, 동생리, 장안리에 여섯 개의 교회를 동시에 지었고, 마지막으로 중앙교회와 직원교회가 완성되어 소록도에 총 8개의 교회가 세워지는 기적이 일어났습니다.

"천지 만물을 말씀으로 지으시고 말씀으로 우주를 운영하시는 하나님 아버지, 이 동산의 성도들이 지난 9개월간 우리의 힘으로 모은 7만 원이 여기 있습니다. 이것은 주님께서 베세다 언덕에서 보리떡 7개와 물

고기 두 마리로 4,000명을 먹이고 일곱 광주리를 남기시던 보리떡 일곱 덩이니이다. 이것으로 4,500의 양을 먹일 구유 일곱을 주실 줄로 믿고 내일부터 기공하여 일곱 성전을 짓기 시작하겠습니다. 주여, 보좌에서 들으시고 하감하사 영광을 받으시옵소서." -김두영 목사

소록도에는 한국의 새벽을 깨우는 기도가 지금까지 이어져 오고 있습니다. 모두가 잠든 새벽 4시, 소록도의 새벽 기도회가 시작됩니다. 소록도의 성도들은 남들이 모두 잠든 시간, 심지어 다른 교회들이 예배를 시작하기 한 시간 전에 먼저 일어나 나라와 민족을 위해, 한국 교회를 위해 기도하는 것을 사명으로 여깁니다.

찬양 | 하늘에 닿네

멜론이나 벅스에서 검색해보세요

나라와 민족을 위해 쉬지 않고 기도한 소록도 사람들을 노래한 곡.

세상에서 가장 보잘 것 없는
사람들이 모여 외면해 버린
우리를 긍휼히 여기사
그 큰 사랑 베푸셨네

모든 영광 주께 올려 드리며
그 발 앞에 엎드려 경배드리네
나를 씻으신 그 사랑
세상 향한 빛이 되어

우리 기도가 우리 눈물이
잃어 버린 세상 향한 복음이 되어
모든 민족과 열방 끝까지
우리의 간절한 기도가 하늘에 닿네

10

소록도 자혜의원 본관(전라남도 문화재자료 제238호)

국립소록도병원에서 서생리 방향으로 공회당길을 따라 올라가면 소록도에 처음 세워진 자혜의원 본관이 보존되어 있습니다.

자혜의원 옆에는 제2대 원장으로 1921년 소록도에 부임한 하나이 원장의 창덕비가 세워져 있습니다. 창덕비는 1929년 10월 16일 순직한 하나이 원장의 공덕을 기리기 위해 1930년에 건립되었습니다.

하나이 원장은 1929년 10월 16일, 66세에 소록도에서 숨질 때까지 만 8년 이상을 소록도 한센병 환자의 의료와 생활 개선에 적극적으로 나섰고, 신앙의 자유를 허용하는 등 원생들을 헌신적으로 대하였습니다. 이런 하나이는 소록도 한센병자로부터 존경과 추앙을 받았던 유일한 일본 원장이었습니다.

11

소록도 갱생원 만령당(등록문화재 제69호)

1937년에 건립된 만령당은 한센병 환자들의 유해를 나무 상자에 담아 보관하던 납골당입니다. 정면에 감실을 두어 참배객들이 망자에 대해 배향을 할 수 있게 하였고, 뒤쪽 문으로 들어가면 유골함이 안치되어 있고 작은 분향대가 마련되어 있습니다. 한센병 환자라는 이유로 일제에 의해 소록도에 강제 수용을 당하여 한 많은 삶을 살다 생을 마감한 환자의 납골당이라는 역사적 의미가 있는 건물입니다.

만령당 뒤쪽에는 만 명 이상의 한센인들의 유해를 합장해 만든 거대한 무덤이 자리해 있습니다.

12
소록도 중앙공원

30분 | 기념촬영 V 찬양묵상 V

중앙공원은 일제하 악명 높았던 제4대 수호원장의 치하에서 1936년 12월 1일 공사를 시작하여 1940년 4월 1일에 완공되었습니다. 당시 3년 4개월 만에 완공된 공원의 면적은 약 1만 9,800㎡로 소록도의 한센인 환자 연인원 약 6만여 명이 강제동원되었습니다. 공원 내에는 '한센병은 낫는다'라는 문구가 새겨진 구라탑, 한센병 시인으로 유명한 한하운의 시, '보리피리'가 새겨진 한하운 시비 등의 각종 기념비가 세워져 있습니다.

찬양 | 보리피리　　　　　멜론이나 벅스에서 검색해보세요

한하운 시의 '보리피리'를 노래로 만든 곡.
한센병자로 살아야 했던 아픔과 세상의 편견, 모든 고통을 보리피리를 불듯이 주님께 올려드리자는 고백을 담고 있다.

보리피리 불며 봄 언덕 고향 그리워
보리피리 불며 세상의 거리 인간사 그리워

보리 피리 불며 꽃 청산 어린 때 그리워
보리 피리 불며 방랑의 기산하 눈물 언덕 지나

모든 고통 쏟아내고 모든 아픔 쏟아내네
우리 슬픔 위로하는 아름다운 노래 소리

내 고통 주님께 드립니다 삘릴리리 삘릴리리 삘릴리리
깊은 한 주님께 드립니다 삘릴리리 삘릴리리 삘릴리리
내 마음 주님께 드립니다 삘릴리리 삘릴리리 삘릴리리

보리피리 불며 봄 언덕 고향 그리워
보리피리 불며 세상의 거리 인간사 그리워

보리 피리 불며 꽃 청산 어린 때 그리워
보리 피리 불며 방랑의 기산하 눈물 언덕 지나

모든 고통 쏟아내고 모든 아픔 쏟아내네
우리 슬픔 위로하는 아름다운 노래 소리

내 고통 주님께 드립니다 삘릴리리 삘릴리리 삘릴리리
깊은 한 주님께 드립니다 삘릴리리 삘릴리리 삘릴리리
내 마음 주님께 드립니다 삘릴리리 삘릴리리 삘릴리리
내 고통 주님께 드립니다 삘릴리리 삘릴리리 삘릴리리
깊은 한 주님께 드립니다 삘릴리리 삘릴리리 삘릴리리
내 마음 주님께 드립니다 삘릴리리 삘릴리리 삘릴리리

◇ 묵상 ◇

소록도의 신앙인들

장기진 할아버지

"여기서 일 독하게 했어. 벽돌 만들고, 가마니 짜고…. 약도 없어. 약도 안 주고…. 나는 예수 안 믿었으면 벌써 죽었어. 자살해 버렸어."

경상북도 청송 출신으로 15살에 한센병에 걸린 장기진 할아버지는 병 고치러 가자는 일본 순사의 거짓말에 속아 소록도에 격리되었습니다. 일제 강점기에 신사참배를 거부한다는 이유로 23살의 나이에 단종수술을 당했으며, 벽돌을 만들고 가마니를 짜는 강제 노역에 시달렸습니다. 육체의 고난과 일제의 핍박 속에서도 조국과 선교사들을 위한 기도를 놓지 않으신 장기진 할아버지는 2011년 8월 26일 하늘의 부름을 받고 비로소 자유의 몸이 되셨습니다.

장인심 권사

"통일통장 만들어서 모은 돈은 삼 분의 일은 성경 사고요, 삼 분의 일은 선물 사고, 삼 분의 일은 현금 가지고 가서 내가 상대하는 사람들에게 나눠줄 거예요. 나눠주면서 '여러분 예수 믿으세요' 할 거예요."

장인심 권사는 1952년 16세의 나이로 소록도에 들어왔습니다. 자신의 처량한 신세를 한탄하며 인생을 비관하던 중 예수를 영접하고 천국의 소망을 품고 기도와 섬김의 삶을 살고 있습니다. 2009년에는 통일을 위해 실제적인 준비를 해 야겠다고 다짐하고 통일통장을 만들었으며, 태국, 필리핀, 일본 등의 선교지를 방문하면서 선교통장을 새롭게 개설해 선교지를 돕고 있습니다.

순례 묵상 노트

*순례하면서 느낀 점을 기록하고 되새겨봅니다.

1. 소록도 순례지에서 느낀 점, 인상 깊었던 점을 간단히 적어보세요.

2. 소록도의 한센인들은 가족에게 버림받고, 노동력을 착취당하고 생체 실험까지 당하는 등 사회의 억압과 착취에서 결코 자유로울 수 없었습니다. 하지만, 그들은 절망 가운데에서도 구원하신 하나님을 찬양하며 하박국 3장 17-18절의 말씀을 붙들고 늘 기도했습니다. 아무것도 없을 '지(찌)라도' 구원의 주님께 감사를 고백했던 소록도의 성도들처럼, 우리도 '지(찌)라도'의 기도를 드려봅시다.

3. 지금도 소록도의 성도들은 매일 새벽 4시에 모여 나라와 민족, 한국교회를 위해 기도합니다. 외롭고 소외된 소록도 사람들은 아무도 알아주지 않지만 쉬지 않고 기도했습니다. 우리는 우리가 속한 공동체를 위해 얼마나 기도하고 있습니까.

MEMO

04 광주 양림동

사람이 친구를 위하여 자기 목숨을 버리면
이보다 더 큰 사랑이 없나니
요한복음 15장 13절

전라남도의 중심부에 위치해 일제로부터의 독립운동과 민주주의 꽃을 피운 남도의 빛고을 광주. 이 지역의 복음화와 근대화는 미남장로회 광주선교지부의 출발과 함께 시작되었고, 광주를 중심으로 전라남도의 선교가 전략적으로 진행되었다. 일제하 광주학생운동뿐만 아니라 1980년 5월 18일 일어난 일명 '5·18 민주화운동'은 한국의 민주사회 발전의 원동력이 되었고, 불의와 독재를 거부하는 상징적 사건으로 자리매김하였다.

순례를 떠나기 전, 읽고 준비하기

광주선교지부의 시작

1892년 11월, 한국에 첫발을 내디딘 미국 남장로회의 초창기 선교사 7명을 시작으로 전라도 선교의 문이 열렸다. 미국 남장로회 선교부는 전주(1895년)와 군산(1896년)에 선교지부를 건설하고 나주선교지부를 설립하기 위해 책임자로 유진 벨 선교사(Eugene Bell, 배유지)를 나주에 파송했다. 하지만 유림의 본산인 나주 향교를 중심으로 선교사 철수를 요구하는 시위가 끊이지 않아 유진 벨은 철수할 수밖에 없었고, 목포의 개항 소식을 접한 벨은 포기하지 않고 목포에 선교지부(1898년)를 개설했다.

목포 선교지부가 안정을 찾아가면서 미국 남장로교회 선교사들은 광주 인근 지역으로 선교 활동을 확대해 나갔다. 선교사들은 목포의 김윤수 집사를 광주로 이주시켜서 부지 매입과 임시사택 건설의 책임을 맡겼다. 1904년 12월, 유진 벨과 클레멘트 오웬(Clement C. Owen, 오원/오기원)이 광주 양림동으로 이사를 와서 정착하면서 광주선교지부가 본격적으로 시작되었다.

양림동 언덕

양림동 언덕은 어린아이들이 죽으면 시체를 땅에 묻지 않고 나무 위에 걸어 놓는 '풍장'이 행해졌던 곳이었기 때문에 선교사들은 양림동 언덕의 버려진 땅을 헐값에 사들일 수 있었다. 또한, 광주천을 따라 목포와 나주를 거쳐 광주에 도착하기가 편리했기 때문에 선교사들은 이곳, 양림동 언덕을 광주선교지부의 부지로 결정했다.

호남선교의 아버지, 유진 벨 Eugene Bell, 1868-1925, 배유지

호남선교의 아버지라 불리는 유진 벨은 1868년 미국 켄터키에서 태어나 켄터키신학교와 유니언신학교에서 공부했다. 1895년에 내한하여 1898년에 목포선교지부를 개설하고, 1904년에 광주로 이전하여 광주제일교회를 설립, 광주의 남학교인 숭일학교와 여학교인 수피아여학교를 개교하여 광주의 근대교육에 이바지하였다. 함께 온 첫 번째 부인 샤로트(Charlotte)가 병으로 세상을 떠났으며(1901), 두 번째 부인 마가레트(Margaret)도 교통사고로 숨져(1919) 상실감을 안고 30년간의 한국사역에 임해야 했다. 유진 벨의 신앙적 유산과 정신은 그의 첫 번째 부인과의 사이에서 난 샤로트가 린튼과 1922년 결혼함으로 더욱 활발하게 전개되었다. 린튼은 순천에서 결핵재활원을 운영하며 30년 이상 결핵 퇴치사업에 헌신하였다.

■ 저자 직강!

김재현 원장의 핵심 강의
큐알(QR)코드를 스캔해 보세요.
광주 양림동의 역사와 유적지 소개를 볼 수 있어요!

■ 이 책은 읽고 가자

| **광주 선교와 남도 영성 이야기** 이덕주 | 진흥 | 2008
광주를 중심으로 전라남도 문화유산을 이야기하는 기행문 형식의 책.

| **한반도에 심겨진 복음의 씨앗** 김재현 | 키아츠 | 2015
한국에 내한한 기독교 선교사 50여 명을 다룬 책.

| **양림동을 걷다** 양성현 | 미디어코리아 | 2017
광주 양림동에 남아있는 유적을 통해 광주의 기독교문화, 광주의 정신, 근대문화를 이야기한 책.

■ 이 영화/다큐는 보고 가자

| **서서평, 천천히 평온하게(2017)**_ 78분
고아와 거지 등 가장 낮은 자들을 섬기는 데 헌신한 서서평 선교사의 이야기.

| **택시운전사(2017)**_ 137분
광주를 취재한 독일기자 위르겐 힌츠페터와 그를 태운 택시 운전사의 눈을 통해 본 광주 민주화운동에 대한 이야기.

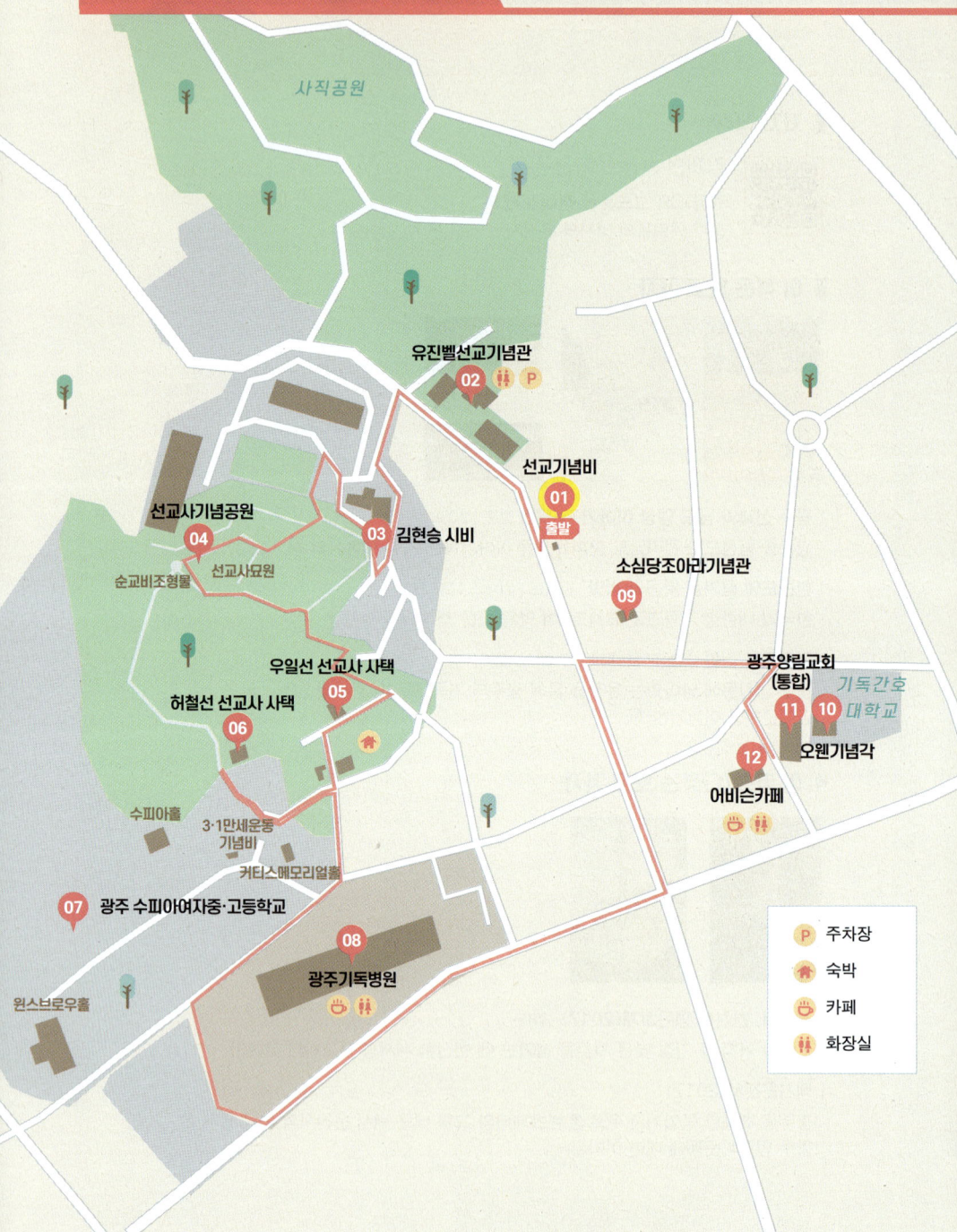

▷ 총 예상시간: 2시간 20분

출발		예상소요시간	포인트
01	선교기념비	5'	
02	유진벨선교기념관	30'	*도슨트의 설명을 들어보자!
03	김현승 시비	10'	* 김현승 시인의 시를 읽어보자!
04	선교사기념공원(선교사묘원, 순교비조형물)	20'	*선교사들의 헌신적인 삶을 기억하며, 조용히 묵상해보자.
05	우일선 선교사 사택	10'	*양림동 나무들 사이로 우뚝 서있는 우일선 선교사 사택에서 기념촬영!
06	허철선 선교사 사택	10'	
07	광주수피아여자중·고등학교	10'	*오랜 역사와 전통을 자랑하는 수피아여학교! 흩어져 있는 오랜 건물들을 찾아가 보는 재미가 있다.
08	광주기독병원	10'	*병원 역사관에 방문해 보자.
09	소심당조아라기념관	10'	
10	오웬기념각	5'	*광주 근대 문화를 이끌었던 현장! 고즈넉한 오웬기념각에서 기념촬영!
11	광주양림교회(통합)	10'	
12	어비슨카페	10'	*커피 한 잔의 여유와 말씀 묵상

알아두면 좋은 Tip

주차 유진벨선교기념관 또는 호남신학대학교에 주차 가능
숙박 호남신학대학교에서 수피아여자고등학교로 이어지는 언덕에는 의료선교사 뉴스마가 머물던 집을 개조한 호랑가시나무언덕 게스트하우스가 있다.
총 7개의 객실(1층 5개, 2층에 2개)이 있으니 참고하자!
문의 www.horanggasy.kr, 062)654-0976 또는 070)4240-0976

기념관 관람
- 유진벨선교기념관_광주광역시 남구 제중로70(양림동 108-1)
  문의 062)675-7009
  운영일 월-일요일 09:00-18:00 휴관일 매주 월요일, 1월1일, 설 및 추석, 기타지정일
- 소심당조아라기념관_광주 남구 제중로46번길 3-6(양림동 108-23)
  문의 062)673-8681
  운영일 개관 월-금요일 09:00-18:00, 토 10:00-15:00 휴관 일요일, 법정공휴일

광주 양림동 순례 실전편

01
선교기념비

이곳은 유진 벨 선교사가 광주 양림동에서 처음 예배를 드렸던 사택이 있던 자리입니다. 1982년 전남노회는 미국 남장로회의 복음사역과 더불어 근대교육과 의료의 출발점이 되었던 양림동 일대의 광주 선교기지를 기념하기 위해 선교기념비를 세웠습니다.
호남신학대학교를 따라 올라가는 길목에는 광주 선교지부에서 헌신했던 인물들을 기리는 역사인물거리가 조성되어 있습니다.

02

유진벨선교기념관

양림미술관과 함께 나란히 자리하고 있는 유진벨선교기념관은 광주-전남지역 선교의 아버지인 유진 벨 선교사를 비롯해 광주에서 헌신한 선교사들을 기념하기 위해 2016년에 설립되었습니다. 이곳은 과거 유진 벨 선교사의 사택이 있었던 자리로, 기념관의 외형 또한 과거의 유진 벨 선교사의 사택 모습을 그대로 재현해 놓았다는 데 의미가 있습니다.

1층에는 유진 벨의 선교편지와 사진을 중심으로 유진 벨 선교사의 이야기를, 지하 1층에는 양림동 선교사들의 이야기를 중심으로 전시하고 있습니다.

더 알아보기 QR코드를 스캔해 보세요

● 이영례 문화해설사(유진벨선교기념관)
유진 벨 선교사와 기념관 소개

03 김현승 시비

호남신학대학교 교정에는 다형(茶兄) 김현승(1913-1975) 시인의 연혁이 새겨진 비석과 함께 펜촉 모양의 조형물과 그의 대표적인 시, '가을의 기도' 시비가 세워져 있습니다.

호남 최초의 세례교인 중 한명인 김창국 목사의 아들로 태어나 독실한 기독교 교육을 받은 김현승 시인은 유년기부터 양림동에서 살았습니다. 이후 숭실대학교 부교수로 부임하여 서울로 가기 전까지 조선대 교수로 재직하며 후학양성에 힘쓰는 한편, 이곳 양림동 언덕을 오가며 계속해서 시를 썼습니다. 그는 신의 영원성, 무한성에 대비되는 인간의 근원적 허무감과 고독을 시로 노래했습니다.

◇ 묵상 ◇

김현승 - 가을의 기도

가을에는
기도하게 하소서.
낙엽들이 지는 때를 기다려 내게 주신
겸허한 모국어로 나를 채우소서.

가을에는
사랑하게 하소서.
오직 한 사람을 택하게 하소서.
가장 아름다운 열매를 위하여 이 비옥한
시간을 가꾸게 하소서.

가을에는
호올로 있게 하소서.
나의 영혼,
굽이치는 바다와
백합의 골짜기를 지나,
마른 나무 가지 위에 다다른 까마귀같이.

더 알아보기 QR코드를 스캔해 보세요

● 시인 김현승, 광주 양림동 시인의 길과 시석 (국민일보, 2018.5.23)

04

선교사기념공원(선교사묘원, 순교비조형물)

20분 기념촬영 V 찬양-묵상 V

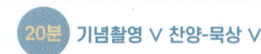

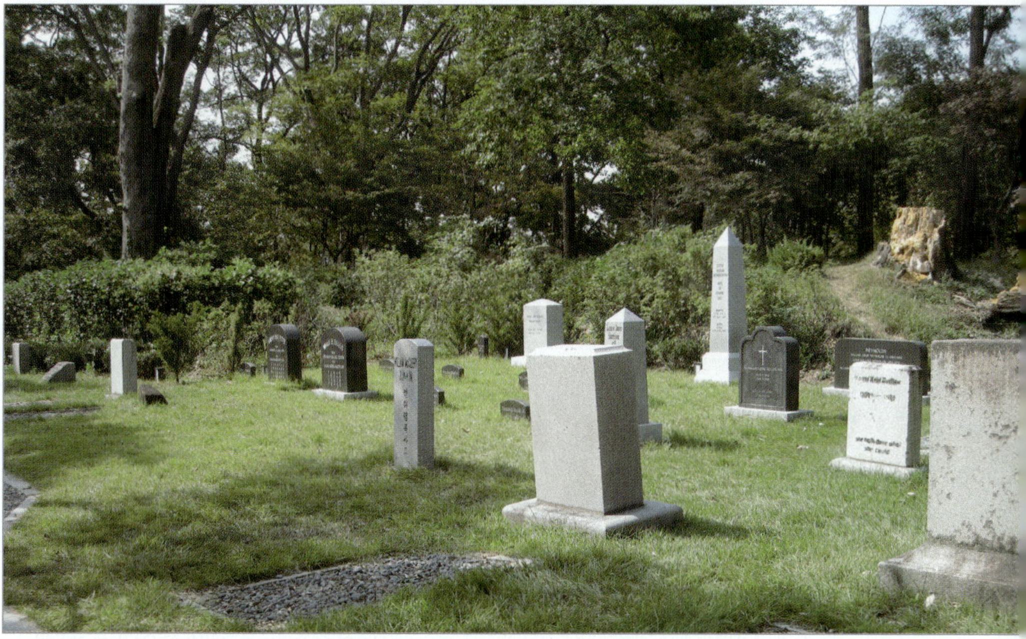

호남신학대학교 옆으로 난 돌계단을 따라 올라가다 보면 아담하게 조성된 선교묘지가 있습니다. 이곳은 호남선교를 위해 헌신한 23명의 미국 남장로교 선교사들과 가족들이 잠들어 있는 호남기독교의 성지입니다. 1909년 순회선교 사역을 하다 폐렴에 걸려 양림동 언덕에 묻힌 오웬을 시작으로 호남선교의 아버지 유진 벨 선교사와 광주지역 최초로 사회장으로 장례를 치른 고아와 과부들의 어머니 엘리자베스 쉐핑(Elizabeth J. Shepping, 서서평) 선교사가 이곳에 잠들어 있습니다.

선교사 묘지 뒤측에는 한국전쟁 중 순교한 성도들의 이름이 지역별로 새겨진 기념비가 세워져 있습니다.

더 알아보기 QR코드를 스캔해 보세요

- **송인동 교수(호남신학대학교) 인터뷰**
  미국 남장로교 선교사의 활동과 광주의 학생독립운동 이야기

오웬 묘지 앞에서 묵상해봅시다!

애양원의 출발점을 만든
클레먼트 오웬 Clement C. Owen, 오기원, 1867-1909

1867년 7월 미국 버지니아주 블랙 월넛에서 출생한 오웬은 버지니아대학교에서 의학석사 학위를 받고 1898년 미남장로회 소속 의료선교사로 입국해 유진 벨과 함께 1898년 목포에 진료소를 개설했다. 1904년 광주로 옮겨와 의료선교에 힘쓰는 한편, 복음 전도사역에 매진하며 강진, 순천, 여수, 구례 등에 이르는 동부지역의 복음전파를 위해 힘썼다. 그러던 중 1909년 장흥지역 순회전도 중에 과로로 인한 급성폐렴으로 순직했다. 그의 죽음을 계기로 오늘날 애양원이 출발하게 되었다.

서서평 묘지 앞에서 묵상해봅시다!

성공이 아닌 섬김의 가치를 보여준
엘리자베스 쉐핑 Elisabeth J. Shepping, 서서평, 1880-1934

1880년 독일 비스바덴에서 태어난 쉐핑은 할머니의 손에 자라다 미국으로 건너갔다. 1901년 뉴욕에 성 마가병원 간호학교를 졸업하고, 1912년 광주기독병원 간호교사로 내한하였다. 서울의 세브란스병원, 광주 기독병원, 군산 구암병원에서 사역하며 간호사 양성에 힘쓰는 한편, 3·1만세운동 때 다친 독립운동투사들을 돌보고 서대문형무소에 수감 중이던 최흥종을 도왔다. 1923년 쉐핑은 일본 간호협회의 방해에도 불구하고 최초로 한국의 여성 간호사들을 모아 대한간호협회 전신인 '조선간호부회'를 창립했으며, 광주 이일학교(현 한일장신대학교)를 설립해

전도부인을 다수 배출하는 등 여성들의 문맹 퇴치와 계몽을 위해 앞장섰다. 호남의 버려진 여성들과 나병환자들을 위해 평생 일했던 쉐핑은 영양실조와 과로로 1934년 광주기독병원에서 세상을 떠났다. 그리고 그녀의 머리맡에는 "Not Success, but Service"라는 글귀가 남아 있었다.

*선교사 묘비 하나를 정해 글귀를 적고 선교사에 대해 조사해 보세요.

"이 민족에게는 복음 외에는 희망이 없다." -유진 벨(Eugene Bell) 목사
"여러분은 위대한 꿈을 가지시고 40년이 지나서 그 꿈이 이루어지는 것을 목격하는 행복한 사람이 되십시오." -브라운(George T.Brown) 목사
"너희가 선을 행할 줄 알고도 행치 아니하면 죄니라는 말씀을 따라 1948년에 한국에 도착했습니다." -카딩톤(Herber A. Codington) 의사
"이 콩밭에 학교를 세우면 콩알보다 많은 아이들이 예수님을 믿고 이 나라의 지도자가 됩니다." -프레스톤(John F. Preston) 목사

찬양 | 십자가의 전달자

멜론이나 벅스에서 검색해보세요

난 지극히 작은 자 죄인 중에 괴수 무익한 날 부르셔서
간절한 기대와 소망 부끄럽지 않게 십자가 전케 하셨네

어디든지 가리라 주 위해서라면 나는 전하리 그 십자가
내 몸에 밴 십자가 그 보혈의 향기 온 세상 채울 때까지

살아도 주를 위해 죽어도 주를 위해 사나 죽으나 난 주의 것
십자가의 능력 십자가의 소망 내 안의 주만 사시는 것

난 지극히 작은 자 죄인 중에 괴수 무익한 날 부르셔서
간절한 기대와 소망 부끄럽지 않게 십자가 전케 하셨네

내 사랑 나의 십자가 내 사랑 나의 십자가

05
우일선 선교사 사택

 10분 기념촬영 ∨

우일선 선교사 사택은 1920년대에 지어진 지하 1층, 지상 2층의 회색 벽돌 건물로, 1908년 광주 제중원 2대 원장으로 부임해 나환자 치료에 헌신했던 로버트 윌슨(Robert M. Wilsion, 우윌슨/우일선) 선교사가 진료소와 사택으로 사용했습니다. 광주에 현존하는 양식주택으로는 가장 오래된 네덜란드 양식의 건물로 개화기의 귀중한 근대건축사적 자료의 하나입니다.

우일선 선교사 사택 아래쪽으로 연이어 딕 뉴스마(Dick. H. Nieusma, 유수만), 존 언더우드(John T. Underwood, 원요한), 찰스 헌트리(Charles B. Huntley, 허철선) 선교사의 사택들이 자리해 있습니다.

06
허철선 선교사 사택

 10분 기념촬영 ∨

이곳은 1980년 5·18 민주화운동의 참상을 세계에 알린 찰스 헌트리(Charles B. Huntley, 허철선) 부부가 거주하던 사택입니다. 광주 5·18민주화운동을 다룬 영화 〈택시운전사〉(2017)의 독일 기자이자 실존인물인 위르겐 힌츠페터도 당시 이곳에 머물며 사진을 인화했다고 알려져 있습니다.

헌트리 부부는 1965년 미국남장로교 선교사로 내한하여 1969년부터 광주기독병원과 호남신학대학교에서 섬기며 복음을 전했습니다. 그러던 중 1980년 5월, 신군부의 폭력적인 진압에 충격을 받은 그들은 오월 광주의 참상을

세상에 알리고자 현장을 찾아가 사진을 찍고 글을 써서 기록으로 남깁니다. 1985년 한국을 떠나기까지 헌트리 부부는 광주지역 시민들의 아픔에 동참하며 그들을 위로했습니다. 현재 이곳은 'The 1904' 등의 기독교 단체가 복음사역과 문화사역을 전개하는 공간으로 사용하고 있습니다.

더 알아보기	QR코드를 스캔해 보세요
	● 〔한국기독역사여행〕1980년 오월의 광주, 신앙의 양심으로 세계에 알리다 〈국민일보〉 (2018.6.2)

07

광주수피아여자중·고등학교

수피아여학교는 유진 벨의 임시 사택에서 선교부 직원들의 자녀들을 가르치면서 시작되었습니다. 이후, 미국의 스턴스(M. L. Stearns) 여사가 세상을 떠난 동생 제니 스피어(Jannie Speer)를 추모하고자 학교에 5천 달러를 헌금하였고, 이를 기념해 학교 이름도 광주여학교에서 수피아여학교로 변경했습니다.

민족과 나라의 독립을 위해 선도적인 역할을 했던 수피아여학교는 1919년 3·1만세운동으로 인해 교사 2명과 학생 21명이 옥고를 치렀으며, 1930년에는 "백의민족의 청년들"이라는 뜻의 '백청단'을 만들어 항일운동에 적극적으로 참여하였습니다. 1919년 3·1만세운동 때 왼팔이 잘리면서까지 만세운동을 했던 윤형숙이 이곳을 거쳐 갔습니다.

현재 수피아여학교에는 세 개의 건물, 수피아홀(Speer Hall, 등록문화재 제158호), 윈스브로우홀(Winsborough Hall, 등록문화재 제370호), 커티스 메모리얼홀(Curtis Memorial Hall, 등록문화재 제159호)이 남아있습니다. 수피아홀은 1911년에 세운 이 학교 최초의 건물로 1919년 만세운동 당시 학생들이 밤을 지새우며 태극기를 만들던 곳입니다.

수피아여고 교정 입구에는 여학생 4명이 태극기를 들고 만세를 부르는 모습을 형상화한 7.3m 높이의 만세운동 기념비가 세워져 있습니다. 기념비의 좌대에는 학생 20명, 교사 2명, 졸업생 1명 등 옥고를 치른 23명의 이름이 새겨져 있습니다.

◇ 묵상 ◇

광주 만세운동과 윤형숙

3월 10일 오후 3시경 거사 장소인 작은 장터(부동교 근처)로 사람들이 몰려들기 시작했다. 기독교인들과 수피아여학교, 숭일학교 학생들은 광주천, 일반 시민은 서문통(지금의 광주우체국~황금동), 농업학교 학생과 군중은 북문통(충장로2가~충장파출소)을 거쳐 이곳으로 모였고, 그 인원은 1,000여 명에 달했다.

댕기머리에 검정치마, 흰 저고리를 입은 윤형숙은 시위 행렬의 맨 앞에서 만세를 불렀다. 일본 헌병과 경찰은 총검을 휘두르며 무자비한 진압 작전을 시작했다. 그 과정에서 일본 기마 헌병이 만세를 외치며 태극기를 흔들던 윤형숙의 왼팔 상단부를 군도(軍刀)로 내리쳤다.

잘려 나간 팔은 붉은 피를 뿌리며 땅에 떨어졌다. 급격한 출혈로 윤형숙은 정신을 잠시 잃기도 했다. 하지만 떨어져 나간 손은 여전히 태극기를 붙잡고 놓지 않았다. 온몸이 핏물에 젖은 윤형숙은 이내 정신을 차리고 오른손으로 잘려 나간 왼팔이 움켜쥐고 있던 태극기를 뽑아든 뒤 더 큰 소리로 "대한독립만세"를 외쳤다. 이 광경을 목격한 군중은 더욱 격렬하게 항거에 나섰다.

한쪽 팔을 잘리고도 만세를 외친 윤형숙의 행동에 일본 군경도 놀라지 않을 수 없었다. 조선총독부가 육군성에 보낸 전보에서 부상자를 언급한 것도 그런 이유였다. 응급치료를 받은 그는 일경의 취조에도 당당함을 잃지 않았다. "너의 이름은 무엇이냐? 너를 조종한 배후는 누구냐?"며 압박하는 일경에 윤형숙은 "나는 보다시피 피를 흘리는 조선의 혈녀다"라며 꼿꼿하게 버텼다.

한쪽 팔을 잃은 윤형숙은 제대로 치료를 받지도 못한 채 신문을 계속 당했다. 일경은 굽히지 않는 그를 가혹하게 고문해 오른쪽 눈까지 멀게 했다. 징역 4개월을 선고하고, 감옥에서 그가 나온 후에도 4년간 격리 수용하며 괴롭히기를 그치지 않았다. 하지만 윤형숙은 이 같은 고통에도 굴하지 않았다. 그는 '왼팔은 조국을 위해 바쳤고 나머지 한 팔은 문맹자를 위해 바친다'는 신념으로 헌신적인 삶을 이어갔다.

-왼팔 잃은 윤형숙 열사, 취조하는 일경에 "나는 조선의 血女다"〈중앙일보〉(2019.2.2)

08

광주기독병원

10분 기념촬영 V 전시관람 V

광주기독병원은 의료 선교사 조셉 놀란(Joseph W. Nolan)이 1905년 11월 20일 유진 벨 목사의 헛간을 진료소로 개조하여 9명의 환자를 돌보면서 시작되었습니다. 1909년에는 한센병 환자를 위한 진료를 시작하여 1928년 여수 애양원으로 옮길 때까지 한센인 진료를 겸행하며 일반인 환자를 치료했습니다. 조선인들의 어머니로 불린 엘리자베스 쉐핑이 간호사로 활동했던 곳이기도 합니다.

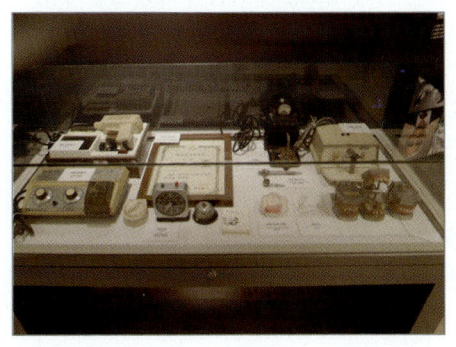

광주기독병원은 5.18민주운동 당시 상처 입은 시민들을 치료하고 돌보며 광주 시민들의 아픔에 함께 동참했습니다. 계엄군의 집단 발포 명령이 있었던 1980년 5월 21일은 석가탄신일로 인근에 있던 전남대병원과 조선대병원은 휴진이라 몰려오는 환자들을 모두 수용하지 못했습니다. 총상을 입은 환자들은 광주기독병원으로 몰려왔고 광주기독병원에는 당일, 126

명이 입원하고 23명의 중상자가 수술을 받았습니다.
2017년 광주기독병원은 병원 건물 1층에 제중역사관을 개관하였습니다. 역사관에는 역대 병원장의 사진, 과거에 사용했던 수술·진찰 기구 등이 전시되어 있습니다.

09

소심당조아라기념관

 10분 기념촬영 V 전시관람 V

'광주의 어머니', '민주화의 대모'라 불린 조아라 여사를 기리는 기념관입니다. 평생을 민주화운동과 여성인권운동에 헌신한 조아라 여사는 1980년 광주5·18민주화운동 당시 수습대책위원으로 활동하다 계엄군에 끌려가 6개월 간 옥고를 치렀습니다. 후에도 5·18 관련 진상규명을 외치며 5·18부상자와 유가족들을 돌보는 데 헌신했는데, 이러한 그녀의 삶을 본 화백 허백련이 그녀에게 '티없이 결백하다'는 뜻의 '소심당'이라는 호를 지어주었습니다. 이웃의 아픔을 외면하지 않고, 그들과 함께한 조아라 여사의 삶은 오늘날 우리 성도들의 귀감이 되고 있습니다.

> (저는) 이 모든 사건을 저지른 사람, 만든 사람이 있다고 믿습니다. 또한 하나님과 역사가 기억하고 있으니까 언젠가 전부 드러날 것입니다. 사실 우리는 아무런 죄가 없고 누군가 불을 질러놨기에 그 불을 끄러 들어간 사람들입니다. 그런데 이 나라의 법은 어떻게 된 법이기에 방화범은 안 잡고 불끄러 간 선의의 사람들을 데려다가 이렇게 죄인 취급하는지 그것이 의아스럽습니다.
>
> -조아라 여사 5.18 민주화 운동 관련 군사법정에서의 최후 진술 중에서

5·18은 민주화를 위한 광주 시민들의 위대한 항쟁입니다.
대한민국의 민주화를 위한 위대한 희생이었습니다.
저에게 정의로운 길을 갈 수 있는 기회를 주신 하나님께 감사드립니다!
−조아라 여사

더 알아보기 QR코드를 스캔해 보세요

● 광주MBC_〔호남인물열전〕광주 민주화운동의 대모 조아라
(1998년 제작, 40분)

10
오웬기념각(광주광역시 유형문화재 제26호)

5분 기념촬영

양림교회 뒤쪽에 자리한 오웬기념각은 광주선교지부의 설립에 이바지한 오웬과 그를 양육한 할아버지를 기념하기 위해 가족들과 친지들이 후원금을 내어 스와인하트(Martin L. Swinehart, 서로득)의 설계로 1914년 완공되었습니다. 광주 숭일학교와 수피아여학교의 학생들이 이곳에서 부흥회, 성탄절 예배 등의 문화행사를 주관하였고, 1920년 광주YMCA가 이곳에서 태동하였습니다. 최근까지 양림교회의 학생회 예배실과 광주기독병원 간호전문대학의 강당 등으로 사용하였으나 지금은 사용하지 않고 관리만 하는 상태입니다.

11
광주 양림교회(통합)

1924년 광주제일교회에서 분립해 양림리에 거주하는 교인을 중심으로 양림교회를 설립하였습니다. 일제에 의해 교회를 뺏기기도 하고, 1943년에는 일본군의 무기고로도 사용되었으나, 지난 100년의 역사에 양림교회는 광주복음화 사역에 중추적인 역할을 했습니다. 1955년 에큐메니컬 운동을 이유로 분열되어 지금은 '양림교회'라는 같은 이름으로 통합 측, 합동 측, 기장 측의 세 교단의 교회가 이 지역에 있습니다. 1926년에 지어진 예배당은 통합 측에서 사용하고 있습니다.

광주 양림교회 앞마당에는 광주 지역 사회와 함께한 교회 역사를 상징하는 세 개의 종이 세워져 있습니다. 제일 우측에는 광주 근대 문화와 선교의 중심지이자 일제하 독립만세운동의 산실이었던 양림교회를 기념하는 3·1운동 기념 동판이 놓여 있습니다. 당시에 교회에서 사용하던 종이 일제 침략기에 징발되어 사라졌기 때문에 종 대신에 3·1운동 기념 동판이 세워졌습니다. 그 우측으로는 광주 5·18의 고난을 상징하는 종과 현재 양림역사문화마을을 상징하는 종이 각각 세워져 있습니다.

12
어비슨카페

광주 YMCA농업실습학교를 설립하여 농촌운동에 헌신한 고든 에비슨(Gordon W. Avison)을 기념하기 위해 에비슨의 사택 터에 2010년 기념관을 설립하였습니다. 1층에는 교육관과 기념홀이, 2층에는 카페가 마련되어 있습니다.

1891년 캐나다 토론토에서 태어난 고든 에비슨은 세브란스병원의 초대 원장인 올리버 에비슨을 따라 3살 때 한국에 왔습니다. 1925년에서 1938년까지 광주를 중심으로 YMCA 지도자 겸 농업학교 교장으로 봉사하였습니다. 그가 세운 농업실습학교에서 '한국의 프란시스'라고 불리는 호남의 성자 이현필이 잠시 수학했습니다. 1955년 에비슨의 농업실습학교 자리에 선교부가 호남성경학교를 세웠는데 이것이 발전하여 오늘날의 호남신학대학이 되었습니다.

순례 묵상 노트

*순례하면서 느낀 점을 기록하고 되새겨봅니다.

1. 호남신학대학교 내의 선교사묘원을 방문하고 느낀 점을 기록해 보세요. 한국 땅에 복음을 전하여 준 선교사들이 있었기에 지금의 우리에게도 복음이 전해질 수 있었습니다. 전 세계 선교지에 복음을 전파하기 위해 당신이 힘쓸 일은 무엇입니까?

2. 미국 남장로교 선교사들은 광주에 학교와 병원을 설립해 교육과 의술을 펼치며 광주지역의 문화 발전에 큰 공헌을 했습니다. 한편 윤형숙을 비롯한 수피아여학교 학생들은 민족의 독립에 관심을 갖고 1919년 3·1만세운동에 적극적으로 참여하였습니다. 당신은 사회의 문화 발전에 관심을 기울이고 있습니까? 우리 나라를 위해 작은 것부터 실천해 보는 것은 어떨까요?

3. 김현승의 '가을의 기도'를 묵상하며 기도자의 삶, 사랑과 섬김의 삶, 홀로 있는 침묵과 묵상의 삶을 점검해 보세요.

MEMO

05 영광 염산면

서해안을 따라 목포까지 쭉 뻗은 15번 도로에는 영광, 함평, 무안군이 걸쳐져 있다. 영화롭게 빛난다는 뜻의 '영광'은 1950년을 전후한 한국전쟁 때 순교자들이 문자 그대로 하나님께 '영광'을 돌린 곳으로 유명하다. 영광군 전체에서 194명의 순교자가 발생했다.

순례를 떠나기 전, 읽고 준비하기

영광지역 기독교 전파

호남지방을 담당하던 유진 벨 선교사는 영광 지역에 복음을 전하며 백수교회(1903), 묘량교회(1904), 영광대교회(1905) 등을 세웠다. 이후 그는 당시 개항장으로 번성한 영광군 법성포로 들어가려다 길을 잘못 들어 염산지역 야월도에 정박했다. 벨은 그곳에서 기독교를 전하고 있던 문영국과 정정옥 등을 만나 야월도에서 이들에게 세례를 주고 성찬을 베풀었다. 1908년 야월도에 교회가 세워졌다.

영광지역-한국전쟁의 순교현장으로

1950년 한국전쟁이 시작되고, 7월 23일 공산군이 영광으로 진입해 군청과 경찰서를 비롯한 관공서를 모두 접수했다. 전라도 지역은 한국전쟁 후 인민군이 점령한 지역을 중심으로 우익 인사와 기독교인의 집단 희생이 컸다. 특히 전라남도는 한국전쟁을 전후한 시기에 영광, 무안, 나주, 완도, 영암 등지에서 가장 많은 희생사건이 발생한 지역이다.

이때 영광군에서만 2만 명이 넘는 사람들이 학살당했는데, 그중 피해가 가장 컸던 지역 중 하나가 바다를 접하고 수많은 염전을 가진 '소금밭 천지'라는 뜻의 염산면이었다. 염산면은 한국전쟁 이전부터 남로당 김삼룡의 지침을 받은 북한의 정치공작원 부대가 들어와 있어 무력투쟁이 빈번히 일어났던 곳이다. 한국전쟁 당시 염산면은 다른 지역에 비해 수복이 늦어졌고 남한 군경에 쫓기던 좌익세력들이 몰려들면서 좌익의 활동본거지가 되었다. 이 가운데서 염산면 지역민들의 시달림은 최악의 상황에 처하게 되었다.

염산면 내에서도 야월리와 봉남리의 피해가 상대적으로 컸다. 따라서 이 지역에 위치한 야월교회와 염산교회의 피해도 클 수밖에 없었다.

■ 저자 직강!

김재현 원장의 핵심 강의

큐알(QR)코드를 스캔해 보세요.
야월교회와 염산교회의 순교 이야기를 볼 수 있어요!

■ 이 책은 읽고 가자

| **천국소망 순교신앙**   임준석 | 쿰란출판사 | 2016
한국 기독교 최대 순교성지인 염산교회 77인의 순교자 이야기를 모은 책.

| **어떻게 그럴 수가 있는가**   최태육 | 작가들 | 2018
한국전쟁 전후 민간인 학살을 직접 조사한 목회자의 이야기로 이념 대립과 학살의 문화에 대한 성찰을 다룬 책.

| **마을로 간 한국전쟁**   박찬승 | 돌베개 | 2010
마을에서 벌어진 갈등과 상호 학살을 통해 살펴본 한국전쟁의 미시사.

| **〔소설〕불놀이**   조정래 | 해냄 | 2010
이념대립과 한국전쟁의 후유증을 다룬 조정래의 장편소설.

■ 이 영화/다큐는 보고 가자

| **태극기 휘날리며(2003년)** _145분
1950년 한국전쟁을 배경으로 전개되는 두 형제의 이야기.

▷ 총 예상시간: 2시간 10분

		예상소요시간	포인트
출발	01 야월교회_순교기념탑	30'	* 야월교회 목사님을 통해 순교 이야기를 들어보자!
	02 야월교회 기독교인 순교기념관	20'	* 조형물 '맞잡은 손' 앞에서 용서와 화해에 대해 묵상해보자!
	03 십자가공원	10'	* 십자가를 바라보며 순교신앙을 묵상해보자.
	염산교회로 이동	10'	* 77번 국도를 타고 염산교회로 이동(5.8km)
	04 염산교회	30'	* 염산교회 목사님의 인도를 따라 1층 영상실에서 영상을 보고, 2층 순교전시실을 둘러보자!
	05 염산교회 순교공원	10'	* 순교자들의 묘지와 기념비가 공원에 조성되어 있다.
	06 "순교의 길" -순교공원에서 설도항까지의 길	20'	* 염산교회에서 설도항까지 순교자의 길이 조성되어 있다. 무거운 돌을 매고 설도항까지 걷는 순교체험을 통해 순교신앙을 묵상해보자! *설도항에 세워진 순교탑에서 기념촬영!

알아두면 좋은 Tip

주차 야월교회 / 염산교회 주차장
숙박 야월교회 기독교인 순교기념관 근처에는 교회에서 운영하는 숙소가 있어서 80명까지 숙박이 가능하다. **문의 061)352-9147**
기념관 관람
• 야월교회 기독교인 순교기념관 061)352-9147
　　　운영일 월-토요일 09:30-17:00(연중)
　　　휴관일 매주 일요일, 1월1일, 설 및 추석 당일, 기타지정일
• 염산교회 순교전시실 061)352-9005

영광 염산면 순례 실전편

01
야월교회_순교기념탑

 30분 영상관람 ∨ 주일/수요예배참석 ∨ 전시관람 ∨

야월교회는 1908년 4월, 유진벨 선교사와 지역공동체의 교인들에 의해 세워졌습니다. 특별히 야월교회는 한국전쟁 당시 65명의 전 교인이 순교한 교회로, 한국기독교의 순교와 신앙의 현장입니다. 영수 김성종의 집안 사람 33명, 최판섭 집안 11명, 김병환 집안 7명, 정일성 집안 13명 등 교인 65명 전원이 공산당에게 피살당했습니다.

1951년부터 지역 교인들의 주일학교-전도사역으로 야월교회가 다시 세워졌습니다. 하지만, 마을 사람들 사이에서는 '야월교회는 예수 믿어서 망한 교회'라는 인식이 지배적이었고 교회에 마음의 문을 열기까지 오랜 시간이 걸렸습니다. 이처럼 야월교회는 80년대 초까지 20여 명의 교역자가 바뀔 정도로 교회 내부적으로도 어려움을 겪었습니다. 1988년, 배길양 목사가 부임하면서 교회는 안정을 찾아갔고, 이 시기에 미뤄왔던 순교자추모사업을 진행했습니다. 추모사업의 일환으로 1990년 야월교회 뒤뜰에 65인 순교기념탑을 세웠습니다. 현재는 심재태 목사가 부임하여 순교자들의 순교신앙을 증거하는 일에 힘쓰고 있습니다.

더 알아보기   QR코드를 스캔해 보세요

● 심재태 목사(야월교회) 인터뷰
야월교회 역사와 순교 이야기

02
야월교회 기독교인순교기념관

야월교회는 순교자들의 신앙과 정신을 기념하기 위해 기독교인순교기념관을 세웠습니다. 내부는 전시실, 기념관, 추모관으로 구성되어 있으며, 영광지역의 기독교 전래에서부터 한국전쟁의 순교 이야기를 담고 있습니다. 특히, 거대한 두 개의 손이 서로 맞잡고 있는 조형물, '맞잡은 손'이 인상적입니다. 상처난 한쪽 손은 순교자의 아픔을, 다른 손은 보듬으시는 하나님을 상징하며 용서와 화해로 나아가자는 메시지를 담고 있습니다.

순교기념관 입구에는 고훈 목사의 시비가 세워져 있습니다.

◇ 묵상 ◇

고훈 목사의 시비

우리는 살아서 말하고
당신들은 순교로 말합니다.
우리는 입으로 고백하고
당신들은 목숨으로 고백합니다.

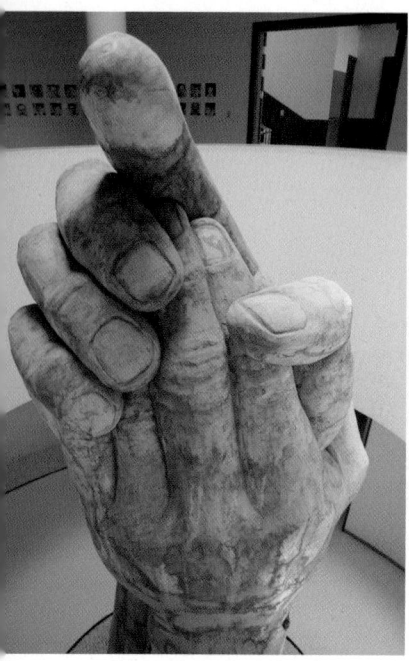

03
십자가공원

20분 | 기념촬영 V 찬양묵상 V

야월교회 기독교인 순교기념관 앞마당에는 여러 모양의 십자가 조형물로 구성된 십자가공원이 조성되어 있습니다.
십자가 앞에서 순교자들의 신앙을 묵상하는 시간을 가져봅시다.

찬양 | 그렇게 살아가리

멜론이나 벅스에서 검색해보세요

나의 일생 사는 동안 주 예수만 따라가리
주님이 보여 주신 삶 나 그렇게만 살으리
환란이 닥쳐와도 내 목숨을 빼앗으려 해도
내 주님 바라보며 그렇게 살아가리

내게 주신 사명 모두 마치는 그 날까지
멈추지 않으리 쉬지도 않으리 내 생명도 아끼지 않으리

이 땅에 사는 내 소망 주 위해 사는 것
오직 예수만 오직 예수만 내 삶에 드러나길
하늘의 크신 능력이 나를 이끄시네
그 이름만 그 이름만 외치며 살리

04
염산교회

30분 　기념촬영 ∨ 주일/수요예배참석 ∨ 영상관람 ∨

순교자들의 신앙과 영성을 배우기 위해 전국 각지에서 성도들의 발길이 끊임없이 이어지고 있는 이곳은 한국 개신교회의 최대 순교 성지인 염산교회입니다.
염산교회는 1939년 9월 20일 허상 전도사가, 병든 자신의 부인을 치료하기 위해 예수님을 믿게 된 이봉오 씨 가정에서 첫 예배를 드림으로 시작되었습니다.
염산교회는 한국전쟁 때 전체 교인의 3분의 2에 해당하는 77명이 공산주의 세력에 의해 학살당하는 아픔을 겪었습니다. 염산교회 초대 교역자였던 허상 장로와 부인, 노병재 집사와 그의 집안 식구들 23명 등을 비롯해 당시 염산교회 목사였던 김방호 목사와 그의 가족들이 모두 순교를 당했습니다.

한국전쟁 이후, 염산교회는 살아남은 사람들에 의해 다시 세워졌습니다. 1951년 2월 24일 함께 모여 땅속에, 마루 밑 항아리 속에 숨겨둔 성경책과 찬송가를 꺼내 들고 다시금 교회를 일구어 나갔습니다. 하지만, 순교자의 후손과 공산 세력에 동조했던 이들의 후손들이 함께 어우러지기에는 서로의 상처와 아픔이 컸기 때문에 교회 공동체를 이루어나가기 쉽지 않았습니다. 이러한 상황에서 모든 가족이 순교한 김방호 목사의 둘째 아들 김익 전도사가 염산교회로 돌아와 공산군 편에 섰던 원수들을 용서하고 복음을 전했습니다. 1951년 4월, 김익 전도사의 인도 하에 모두가 함께 드리는 부활절 예배는 감격 그 자체였습니다.

현재는 한국기독교 순교사적지 제1호로 지정된 염산교회 옛 예배당(2016년 복원)이 제일 먼저 순례자들을 맞이합니다. 우측에는 영상실과 순교전시실을 갖춘 현대식 교회 건물이, 건너편에는 합장묘역과 순교기념비가 있는 순교기념공원이 보입니다. 현대식 교회 건물 입구에는 교인들이 수장될 때 사용된 돌멩이가 재현되어 있습니다.

더 알아보기 | QR코드를 스캔해 보세요

● 임준석 목사(염산교회) 인터뷰

"우리 교회의 순교는 1950년 10월 3일부터 시작되어 1951년 1월 6일까지 약 3개월간 개별적으로, 가족적으로 이루어졌습니다. 우리 교회의 순교를 보면 얼마든지 피난도 가려면 갈 수 있는 시간의 여유 속에서 많은 분들이 순교했습니다. 77명의 순교자 가운데 특별히 28명의 주일 학생들이 순교를 했는데, 철없는 어린아이 같았지만 그들도 순교자의 믿음, 순교자의 고백을 하면서 순교의 길을 갔던 것을 볼 수 있습니다.

우리 교회 순교자들이 특별히 담대하고 용감해서 순교 시대를 잘 감당한 것이 아니고 하나님이 우리 성도들에게 순교의 믿음을 심어주셨습니다. 1948년 5월에 손양원 목사님을 모시고 한 주간 동안 부흥회를 했는데, 그때 우리 성도들이 순교 신앙으로 무장하는 기회를 가진 것입니다. 그래서 한국전쟁을 만나면서도 조금도 죽음 앞에서 굴하지 않고 믿음을 지키면서 순교자의 길을 갔던 것입니다.

우리 교회 순교자들이 여러 모양으로 순교를 했습니다. 돌과 몽둥이에 맞아서 죽임을 당한 분도 있고, 죽창에 찔려서 죽기도 하고, 생매장도 당하시고, 그리고 많은 순교자가 몸에 돌을 매단 채 새끼줄에 묶여 바닷물에 수장을 당했습니다. 대부분 몸에 돌을 매달았으니까 바로 숨을 거두는데 물에 조금 떠 있다가 죽으셨던 노병재 집사와 같은 분들이 물속에서 허우적거리면서 찬송을 하시다가 순교하셨습니다. 우리 교회 순교자들을 보니깐 죽음 앞에서 담대하시고 원수마저 용서하고 사랑했던 그런 모습이 바로 하나님께서 그들에게 주신 순교자의 믿음 때문이었던 것을 볼 수 있습니다.

우리 교회에서 탐방객들에게 전하고 강조하는 순교신앙이 하나 있습니다. 그분들이 가졌던 천국 신앙인데, 당시 순교하신 김방호 목사님이 성도들에게 늘 강조하셨던 말씀이 천국 신앙이었다고 합니다. "여러분 예수 믿으면 천국 갑니다. 우리의 상급은 이 땅에 있는 것이 아니고 하나님 나라에 있습니다." 이런 말씀을 통해서 돌아갈 천국에 대한 믿음이 너무 확실했습니다.

순교 시대에 비하면 참 좋은 때에 예수 믿고 살면서도 조금만 힘들면 불평하고 원망하고 짜증 내고 사소한 일에 몸부림치는 모습을 보면서 순교자의 천국 신앙이 있으면, 정말 천국이 내 앞에 있다면 그 앞에 내려놓지 못할 것이 무엇이 있겠는가 생각하면서 이곳에 오셔서 순교자들의 천국 신앙을 꼭 품고 가시라고 강조합니다."

05
염산교회 순교공원

염산교회는 1997년 순교기념사업을 추진하면서 순교공원을 조성하고, 순교자 77인을 기념하는 기념비를 세웠습니다. 당시 희생 당한 32명의 유골이 이곳에 묻혀 있으며, 염산교회에서 시무한 김방호 목사 부부 묘와 허상 장로 부부 묘가 따로 마련되어 있습니다.

◇묵상◇

원수를 사랑하라 순교자의 피 위에 세운 김익 전도사

김방호 목사의 둘째 아들 김익 전도사는 한국전쟁이 발발하자 신안의 비금도로 피난하였다. 그곳은 아버지 김방호 목사가 시무했던 비금 덕산교회가 있던 곳이었고 김익 전도사의 처가가 있었다. 그렇게 김방호 가족의 유일한 생존자가 된 그는 수복된 후 염산교회로 돌아와 부모 형제와 교인들을 죽인 원수들을 구원하기 위해 복음을 전하기 시작했다. "원수를 사랑하라"는 예수님의 말씀을 외치며, 자신의 아픔과 상처보다 살아남은 교인들과 지역주민들의 상처를 치유하기 위해 노력하였다. 자신들이 처한 상황 가운데에서 심적 부담감을 느끼며 괴로워하던 그들에게 김익 전도사가 전한 복음은 진정한 위로였고, 사랑이었다. 그리고 적지 않은 사람들이 그런 김익 전도사의 목회에 감동하여 예수를 믿게 되었다. 그 땅 가운데, 77명의 고귀한 순교의 피가 뿌려졌고, 그 피는 흩어져 사라지지 않고, 더 많은 구원의 열매로 피어났다.

《한반도에 새겨진 십자가의 길》_pp. 306-307

더 알아보기 QR코드를 스캔해 보세요

- [역사기획] 순교유적지를 가다 (2) 영광 염산교회, 〈기독신문〉 (2016.7.16)

"나는 이곳에 내 부모 형제들의 원수를 갚으러 왔습니다. 원수 갚는 것이 무엇이겠습니까? 그들을 예수 믿게 해서 천국 가게 하는 것이 하나님 앞에서 참된 원수 갚는 일이 아니겠습니까? 여러분도 저와 함께 이 일에 힘을 합쳐주세요."

– 김익 전도사의 첫 설교에서s

06

'순교의 길' - 순교공원에서 설도항까지의 길

 20분 기념촬영 V 찬양-묵상 V

염산교회 순교공원에서 설도항까지 조성된 '순교자의 길'은 실제로 당시 염산교회 성도들이 무거운 돌을 목에 매고 찬송을 부르며 담대히 죽음 앞으로 걸어갔던 길입니다. 1950년 9월 29일 국군이 영광에 진군해 들어왔을 때 미처 퇴각하지 못한 공산주의자들이 10월 7일 교회당에 불을 지르고, 교인들을 이곳 바닷가 수문 통에 새끼줄로 묶고 큰 돌멩이를 달아서 수장시켰습니다. 이 길을 걸으면서 순교자들을 묵상해봅니다.

이들의 순교신앙을 기리기 위해 설도항에는 순교탑이 세워져 있습니다. 좌우측 돌판에는 순교자의 이름이 새겨져 있습니다.

찬양 | 내 주를 가까이 하게 함은 (찬송가 338장)

내 주를 가까이 하게 함은
십자가 짐 같은 고생이나
내 일생 소원은 늘 찬송하면서
주께 더 나가기 원합니다

내 고생하는 것 옛 야곱이
돌 베개 베고 잠 같습니다
꿈에도 소원이 늘 찬송하면서
주께 더 나가기 원합니다

천성에 가는 길 험하여도
생명길 되나니 은혜로다
천사 날 부르니 늘 찬송하면서
주께 더 나가기 원합니다

야곱이 잠 깨어 일어난 후
돌단을 쌓은 것 본 받아서
숨질 때 되도록 늘 찬송하면서
주께 더 나가기 원합니다

순례 묵상 노트
*순례하면서 느낀 점을 기록하고 되새겨봅니다.

1. 순례지에서 느낀 점, 인상 깊었던 점을 간단히 적어보세요.

2. 염산교회와 야월교회의 순교자들을 묵상해 봅시다. 만약 당신에게 신앙을 거부하라는 위협이 닥친다면 어떻게 대처할 것 같습니까? 순교자들이 믿음으로 죽음의 길을 걸을 수 있었던 이유는 무엇이라고 생각하나요?

3. 자신의 부모와 형제를 죽인 원수를 용서하고 오히려 그들에게 복음을 전했던 김익 목사처럼 우리도 용서와 화해의 삶을 살게 해달라고 간절히 기도합시다.

4. 북한의 남침으로 이루어진 한국전쟁은 남한 사회에 막대한 인명피해와 재산의 파괴를 초래하였습니다. 또한 한국전쟁으로 한반도가 분단되는 아픔을 겪었습니다. 지금도 한국전쟁과 분단으로 아픔을 겪는 수많은 사람들을 위해 잠시 기도의 시간을 가집시다. 그리고 한반도의 평화와 화해를 위해 당신이 할 수 있는 일을 찾아봅시다.

06 신안 증도

내가 진실로 진실로 너희에게 이르노니
한 알의 밀이 땅에 떨어져
죽지 아니하면 한 알 그대로 있고
죽으면 많은 열매를 맺느니라

요한복음 12장 24절

1004개의 섬으로 이루어진 진주처럼 빛나는 신안군. 우리에겐 '천사(1004)'의 섬으로 알려진 신안은 태평염전을 비롯한 소금과 문준경 전도사의 이야기로 유명한 곳이다. 특히 슬로우시티로 정착한 증도는 문준경 전도사의 감동적인 이야기 때문에 한국교회의 많은 사랑을 받고 있다.

순례를 떠나기 전, 읽고 준비하기

신안지역 기독교 전파

신안은 전국에서 최고의 복음화율(35%)을 자랑하는 곳이다. 이처럼 신안군 섬들의 개신교인 비율이 높은 것은 1930년대 홀로 돛단배를 타고 섬마을 곳곳에 복음을 전한 문준경 전도사의 공이 크다. 여인의 몸으로 신안 일대의 72개의 섬을 돌면서 복음과 사랑을 전했던 문준경 전도사는 신안의 교회와 성도들에게 어머니 같은 존재이다.

신안지역 복음전파의 어머니, 문준경 전도사 1891-1950

1891년 전라남도 신안 암태면에서 출생한 문준경은 열일곱 살에 혼인을 하였지만 결혼 14년 후에 남편이 다른 여자와 살림을 차려 생과부생활을 하였다. 그러나 시아버지의 도움으로 글을 배울 수 있었으며, 시아버지가 돌아가시자 목포로 와서 시내 중심부에 바느질 가게를 열었는데, 그 때 북교동교회 전도부인의 전도를 통해 예수를 믿게 되었다. 1931년 경성성서학원에 청강생으로 입학해 정규학생이 되어 1936년 25회로 졸업하였다. 1933년 임자도에 임자진리교회 설립을 시작으로 일 년에 아홉 켤레의 고무신이 닳을 정도로 신안의 섬들을 돌아다니며 복음을 전했다. 그 결과 증동리교회(1935), 대초리교회(1936), 방축리 기도처(1936) 등 10여 개의 교회와 기도처가 세워졌다. 신안 지역의 복음전파에 힘쓰던 중 문준경 전도사는 한국전쟁이 한참이던 1950년 10월 5일 증동리 앞 백사장에서 공산군의 총을 맞고 순교했다. 그녀의 영향을 받아 김준곤, 이만신, 정태기 등 한국교회를 대표하는 지도자들이 배출되었다.

▌ 저자 직강!

김재현 원장의 핵심 강의

큐알(QR)코드를 스캔해 보세요.
증도 문준경 전도사의 순교 이야기를 볼 수 있어요!

▌ 이 책은 읽고 가자

| 〔소설〕등대지기 김희정 | 키아츠 | 2015
  문준경 전도사의 이야기를 소설로 재구성한 책.

| **천국의 섬, 증도** 유승준 | 홍성사 | 2012
  50여 컷의 증도 사진과 함께 순교자 문준경의 일대기를 다룬 책.

▌ 이 영화/다큐는 보고 가자

| 〔CBS 드라마〕시루섬(2009)_104분
  증도의 옛 이름 시루섬을 작품명으로 한 문준경 전도사의 삶을 다룬 드라마.

▷ 총 예상시간: 2시간

출발		예상소요시간	포인트
01	문준경 전도사 순교기념관	40'	* 문준경 전도사에 대해 깊이 알고 싶다면 도슨트의 설명을 들어하자!
02	증동리교회	20'	* 문준경 전도사님의 손길을 느껴보고, 상정봉에 올라가 나라와 민족을 위해 기도해보자.
03	문준경 전도사 순교지	20'	*묵상글을 읽어보자
04	짱둥어다리	20'	
05	화도 노두길	20'	* 신안 앞바다의 섬들과 갯벌을 보며 여자의 몸으로 나룻배에 몸을 싣고 매일 신안의 섬들을 돌아다녔던 문준경 전도사를 묵상해보자! 문준경 전도사를 모티브로 만들어졌다는 CCM-사모곡을 들어봐도 좋다!

알아두면 좋은 Tip

주차 중동리교회/ 문준경 전도사 순교기념관 주차장

숙박 문준경 전도사 순교기념관이 운영하는 생활관을 이용해보자.
100여 명까지 수용이 가능하고 방, 식당, 단체기도실 등이 구비되어 있다.
문의 061)271-3455

기념관 관람
• 문준경 전도사 순교기념관 061)271-3455 l www.mjk1004.org
  운영일 월-토요일 09:00-17:00(동절기 09:30-17:00)
  휴관일 매주 일요일, 1월1일, 설 및 추석 당일, 기타 지정일

신안 증도 순례 실전편

01
문준경 전도사 순교기념관

 전시관람 V 기념품구입 V

2013년에 개관한 문준경 전도사 순교기념관입니다. 기념관 입구에는 성결교단의 핵심 교리인 사중복음, 중생, 성결, 신유, 재림이 쓰인 조형물이 세워져 있습니다. 전체 3층으로 이뤄진 기념관은 휴게실과 예배실을 비롯해 순교자 문준경 전도사와 관련된 유품 및 유물을 전시하고 있습니다. 1층 입구에는 문준경 전도사의 동상이 순례객을 맞이합니다.

더 알아보기
QR코드를 스캔해 보세요

● 김헌곤 관장(문준경전도사 순교기념관) 인터뷰
  문준경 전도사와 순교기념관 소개

02
증동리교회

20분 기념촬영 ∨ 주일/수요예배참석 ∨

문준경 전도사가 신안 일대를 전도하는 데에 중심지 역할을 했던 증동리교회는 1933년 문준경의 큰 시숙 정영범이 땅을 바쳐 지어졌습니다. 처음 문준경 전도사가 이 마을을 전도할 때에는 예배 처소가 없어서 성도들의 집을 오가며 예배를 드리다가 자연스레 예배 장소에 대한 문제가 제기되어 예배당을 건축하게 되었습니다. 초기에 복음을 받아들인 사람들은 온종일 농사일을 하다가 날이 저물면 선착장에서 건축자재들을 날라 교회를 완성하였다. 일제강점기에는 교회가 경방단(1937년 전시를 대비해 화재 방지를 위한 기구)에 매각되어 교회를 빼앗기는 아픔을 겪기도 했습니다. 현재 증동리교회에는 문준경 전도사의 순교기념비가 남아있습니다. 1951년 호남지방회에서 세운 순교비에는 "밀알 한 개가 땅에 떨어져 죽으면 많은 열매를 맺느니라"는 요한복음 12장 24절 말씀이 적혀 있습니다.

교회 뒷산 상정봉에는 문준경 전도사가 기도했던 기도 터가 있는데, 문준경 전도사는 이곳에서 신뢰할 만한 소수의 인원과 증도와 한반도의 복음전파를 위해 기도했다고 합니다. 기도 바위에서 바다 쪽을 향해 앞을 바라보면 한반도 모양을 한 지형을 볼 수 있습니다.

한줄묵상
당신은 나라와 민족을 위한 기도를 하고 있습니까.

◇묵상◇

실패했던 과거의 그 자리로 돌아와 복음을 전하다

드디어 첫 사역지 임자도에 들어가는 배를 타니 옛 생각이 떠올랐다. 이렇게 귀한 복음을 들고 임자도를 다시 찾게 될 줄은 상상도 못 했다.

'임자도에서 남편과 소실에게 멸시당하고 괴로워서 바다를 서성거리던 날이 생각나는구먼. 그때 시방처럼 예수님을 알았으면 남편을 찾아가지도 않았을 것인디 말여.'

사람의 눈으로는 최악인 상황도 하나님 계획은 늘 최상이다. 지금 눈에 보이는 현실이 아무리 힘해 보여도 앞으로는 어떤 일이 펼쳐질지 아무도 모른다. 세상 사람들이 볼 때는 첩과 남편이 살고 있는 섬에 들어가는 여인이 불쌍하게 보이겠지만 문준경 전도사는 성령 충만했고 이것이야말로 복음만이 가지는 능력이다.

- 《등대지기》_pp. 114-115

한줄묵상 내 삶에 무너져있고 감추고 싶은 자리는 어디입니까.
과거의 실패한 그 자리와 마주할 용기를 주님께 구하십시오.

예수 그리스도의 사랑을 전한 문준경 전도사

한 달에 한 켤레 씩의 고무신이 닳아 없어질 정도로 걷고 또 걸었다. 고무신은 조금만 빨리 걸으면 잘 벗겨지고 겨울에는 무척 발이 시렵지만 그런 물리적인 환경이 문전도사에게 중요한 문제는 아니었다. 한 걸음이라도 더 디디며 복음을 전해주고 싶은 마음만 가득했고 산길을 오르고 바닷길을 건너고 어디든지 못 갈 곳은 없었다. 가난한 자들에게 음식을 먹이고 아픈 사람들에게 약을 구해 먹이고 일손이 필요하면 일을 해주고 갓난아기도 돌봐주고 마을 주민들을 위한 섬김을 꾸준히 했다. 말로만 기도하는 것이 아니라 그 자리에서 바로 안수기도를 하고 집에 돌아가서도 기도했다.

"주님, 갑수 어매 빨랑 고쳐주시소. 이라시면 안됩니다. 갑수 어매가 나아야 그 집안이 지대로 돌아가지라. 주님, 점순 아버지 노름하는 버릇도 고치주시소. 주님이 고쳐야지 누가 고치게쓰라?"

사람들 이름과 기도제목을 기도수첩에 빼곡하게 적고 수시로 열어보며 기도를 했다. 틈만 나면 기도를 하니 입에서 술술 외우다시피 자연스런 기도가 나왔고, 기도수첩은 너덜너덜하니 얼마나 많은 손때가 묻었는지 짐작할 수 있다.

　사람들을 찾고 또 찾아다니며 걷고 또 걷고 하루 종일 그렇게 사역을 하고 집에 돌아오면 발이 퉁퉁 붓곤 했다. 하지만 아무리 피곤한 날도 기도를 마친 후에야 잠자리에 들었다. 교회는 병든 자, 가난한 자, 배고픈 자들의 피난처고 휴식처다. 주님의 종으로서 예수님의 가르치고 선포하고 치료하는 사역을 그대로 따른 것이다.

　치매 노인과 일어나지 못하는 중증환자의 똥오줌도 받아주고 목욕도 시켜주었다. 바쁜 일손에 그런 환자를 하루라도 봐주면 가족들이 얼마나 수월한지 모른다.

　"성상님, 우리 어무이 오늘도 봐주셔서 고맙습니더."

　"내도 옥순 할매랑 재미지게 잘 지냈구먼. 또 은자든지 연락 주시게나."

　공기놀이도 하고 소꿉놀이도 하며 시간을 보냈다.

　문전도사가 가려 하니 치매 노인은 눈빛으로 무척 고마워한다.

　"고맙구마 대추전병이나 묵고 가라."

　"지는 또 정자 어매 집에 싸게 가봐야지라. 어르신, 마이 자시고 낭중 볼때까정 잘 지내시라요."

　"……"

　정신이 오락가락한데도 어느 순간에는 진짜 멀쩡한 사람이 되어 눈물이 그렁그렁한다. 사람의 진심은 전해지듯이 가식적이고 형식적인 행동이 아니라 사랑으로 하는 섬김에 그 얼음같던 동네 사람의 마음도 천천히 녹아갔다. 아무리 마음이 급해도 꽁꽁 언 얼음이 녹으려면 시간이 걸리듯이 묵묵히 기다려주었다. 우리 인생은 이렇게 얼음이 녹는 시간을 기다리는 날이 많다.

　장례식에는 꼭 참석하여 위로해주고 장례식장에서 먹을 음식을 싸와서 가난한 이웃들에게 나눠주었다. 혼례식이나 잔치가 있는 날이면 푸짐한 음식을 나눠줄 생각에 두 배로 기쁜 날이다. 그렇게 대초리에서도 마을의 꼭 필요한 사람이 되었고 문전도사의 선한 영향력은 점점 커졌다.

－《등대지기》_pp.177-179

한줄묵상 하나님께서는 당신을 어디로 보내셨습니까.
　　　　일상에서 하나님의 사랑을 기쁨으로 전하고 있는지 돌아봅시다.

03
문준경 전도사 순교지

 기념촬영 ∨ 찬양-묵상 ∨ 기도 ∨

문준경 전도사 순교기념관에서 해안도로를 따라 우전리해변, 짱뚱어다리 방향으로 걸어가면 문준경 전도사의 순교 현장에 묘지공원이 조성되어 있습니다. 1950년에 처음 세워진 순교비를 비롯해 문준경 전도사의 묘지와 순교지 묘석이 나란히 정돈되어 있습니다. 문준경 전도사의 묘소는 중동리교회 뒷산에 마련되었다가 2005년 이곳 순교 현장으로 이장되었습니다.

◇ 묵상 ◇

자신의 양떼를 위해 죽음으로 달려간 문준경 전도사

목포는 인천상륙작전이 성공한 후 서울을 수복하자 국군이 들어와서 공산당이 다 철수하였다. 그리하여 인민군에게 목포까지 끌려간 문준경 전도사는 재판도 받지 않고 바로 풀려날 수 있었다. 이것이 문준경 전도사 개인에게는 기적이었지만 자신의 안전보다는 두고 온 성도들 걱정만 가득했다.

'내가 빨리 증도를 들어가야 하는구먼.'

목포의 한 성도집에 거하며 사태를 지켜보고 있던 이성봉 목사를 수소문 하여 찾아가서 만났다. 사람이 죽어 나가는 그 불안한 시기에 두고 온 증도의 성도들 걱정을 하며 이성봉 목사를 보자마자 눈물부터 쏟았다.

"목사님, 우리 성도들 어찌 됐을까야? 지는 죄인이지라. 같이 있어주지도 못하는 목자는 자격이 없구먼유."

"목포로 나오게 된 것도 주님이 피신시킨거지요. 크고 넓게 보시라요. 목포가 수복됐으니 증도도 조만간 회복될 것이라요. 그러니 조금만 더 기다리다가 돌아가시는 것이 좋을 듯합네다."

"지도 두렵고 무섭지만 지금 갈랍니더. 우리 성도들이 잡혔다 하는디 얼매나 지를 기다리겠스라? 내일이면 늦지라."

"조급한 마음을 버리고 일보후퇴를 하시라요. 영원한 후퇴가 아닌 전진을 위한 숨 고르기라고 생각합세다. 전도사님! 이사야 26장 20절 말씀 생각나십네까? 내 백성아 갈지어다 네 밀실에 들어가서 네 문을 닫고 분노가 지나갈 때까지 잠깐 숨을 지이다."

"목사님 허지만 시방 숨을 때가 아니어라. 우리 성도들이 힘든 상황인 것을 뻔히 알면서 그럴 수는 없지라. 지 한 목숨 보호하겠다고 이리 기냥 있을 수는 없지라."

"앞으로 전도사님이 하실 사역을 생각하시라요. 할 일이 많은 분 아닙네까? 주님의 섭리에 맡기시라요."

"주님 섭리에 맡기는 것도 행동이 따른 후에 해야지라. 죽더라도 지는 목자로서의 본분을 놓치고 싶지 않구먼유. 예수님도 제자들을 버리지 않았지라. 지는 죽는 한이 있어도 증도로 들어가겠스라."

문전도사 또한 증도로 들어가면 목숨이 위태로운 것을 알았다. 하지만 목포에 남아 육신이 무사하고 성도들이 죽는 것을 보고만 있다면 그것은 이미 영적으로 죽은 삶이라고 생각했다. 증도에 들어가면서도 목숨을 걸 최후의 상황까지 마음의 준비를 했다.

《등대지기》_pp. 207-209

한줄묵상
문준경 전도사와 같은 상황에 처해있다면 당신은 어떠한 선택을 하겠습니까.

찬양 | 하늘가는 밝은 길이 (찬송가 493장)

하늘가는 밝은 길이 내 앞에 있으니 슬픈 일을 많이 보고 늘 고생 하여도
하늘 영광 밝음이 어둔 그늘 헤치니 예수 공로 의지하여 항상 빛을 보도다
내가 염려 하는 일이 세상에 많은 중 속에 근심 밖에 걱정 늘 시험하여도
예수 보배로운 피 모든 것을 이기니 예수 공로 의지하여 항상 이기리로다
내가 천성 바라보고 가까이 왔으니 아버지의 영광 집에 나 쉬고 싶도다
나는 부족하여도 영접하실 터이니 영광 나라 계신 임금 우리 구주 예수라

04 짱뚱어다리

20분 | 기념촬영 V 찬양-묵상 V

썰물 때는 질퍽한 갯벌의 모습이 펼쳐져 장관을 이루는 이곳은 증도의 명물인 짱뚱어다리가 있는 곳입니다. 짱뚱어다리를 걸으며 문준경 전도사의 삶을 묵상해 보세요. 다리 중간에는 앉아서 쉴 수 있는 공간이 마련되어 있으니 묵상 노트를 작성하는 시간을 가져보세요.

찬양 | 사모곡

멜론이나 벅스에서 검색해보세요

문준경 전도사의 삶과 신앙고백을 모티브로 만들어진 곡

흘러 내리는 눈물의 의미를 이제 난 알 수 있겠소
죽어가는 영혼 바라 보시는 아버지의 마음
이제 더 이상 바라 볼 수 없소 그들에게 나 달려 가겠소
영원한 생명 그 십자가 나 따라가오
세상 날 버려도 지쳐 쓰러져도 나 놓을 수 없는 십자가
생명을 구할수만 있다면 그들 주를 볼 수 있다면

나의 생명이라도 두고 가겠소 주님 가신 그 길처럼
단 한번만 이라도 아버지 위해 아낌없이 드릴테요

세상 날 버려도 지쳐 쓰러져도 나 놓을 수 없는 십자가
생명을 구할 수만 있다면 그들 주를 볼 수 있다면
나의 생명이라도 두고 가겠소 주님 가신 그 길처럼
단 한번만이라도 아버지 위해 아낌없이 드릴테요
나의 가슴 속에서 흐르는 눈물 내 아버지 사랑이죠
이제 울지 말아요 세상 모두가 주의 이름 부를테요

찬양 | 부름 받아 나선 이 몸 (찬송가 493장)

부름 받아 나선 이 몸 어디든지 가오리다
괴로우나 즐거우나 주만 따라 가오리니
어느 누가 막으리까 죽음인들 막으리까
어느누가 막으리까 죽음인들 막으리까

아골 골짝 빈들에도 복음 들고 가오리다
소돔 같은 거리에도 사랑안고 찾아가서
종의 몸에 지닌 것도 아낌없이 드리리다
종의 몸에 지닌 것도 아낌없이 드리리다

존귀 영광 모든권세 주님 홀로 받으소서
멸시 천대 십자가는 제가 지고 가오리다
이름 없이 빛도 없이 감사하며 섬기리다
이름 없이 빛도 없이 감사하며 섬기리다

05
화도 노두길

 기념촬영 ∨ 묵상 ∨

증도와 화도를 연결하는 노두길은 과거에 갯벌 위에 돌을 놓아 발이 빠지지 않게 만든 길입니다. 문중경 전도사는 당시 노두길을 따라 복음을 전했고, 길을 건너던 중 물이 차올라 위험에 처하기도 했습니다. 현재 노두길은 차가 오갈 수 있도록 포장되어 있으며, 노두길 옆에는 1004개의 섬 신안을 알리는 조형물이 자리하고 있습니다.

문준경 전도사는 한 달에 한 켤레씩 고무신이 닳아 없어질 정도로 걷고 또 걸으며 신안 도서 지역에 복음을 전했습니다. 여성의 몸으로 나룻배에 몸을 싣고 신안의 여러 섬들을 돌았던 문준경 전도사님의 영혼에 대한 사랑과 복음의 열정을 묵상해봅시다.

증도대교 밑에 위치한 광암 노두길에서도 문준경 전도사의 발자취를 확인해 볼 수 있습니다. 문준경 전도사가 자주 다녔다던 광암 노두길은 예전 모습 그대로의 모습을 간직하고 있습니다.

순례 묵상 노트

*순례하면서 느낀 점을 기록하고 되새겨봅니다.

1. 문준경 전도사는 자신의 첫 사역지로, 자신이 과부로 버림받고 수치심과 능욕과 고통을 당한 그곳에 가서 담대하게 복음을 전합니다. 당신의 삶에 무너져있고 감추고 싶은 자리는 어디입니까. 과거의 실패한 그 자리와 마주할 용기를 주님께 구하십시오.

2. 문준경 전도사는 여성의 몸으로, 일 년에 아홉 켤레의 고무신이 닳을 정도로 신안의 섬들을 돌아다니며 복음을 전했습니다. 이처럼 문준경 전도사는 스스로 복음에 묶여, 사나 죽으나 오로지 주를 위해 살았습니다. 우리의 인생은 주께 묶인 인생입니까?

3. 선택의 기로에 섰던 문준경 전도사는 결국, 자신의 양떼를 지키기 위해 증도로 들어갑니다. 공산군에 의해 죽임을 당할 것을 알면서도 죽음의 문으로 달려갔고, 증동리 백사장에서 총을 맞고 순교합니다.
문준경 전도사와 같은 입장에 있다면, 당신은 어떠한 선택을 하겠습니까.

MEMO

에필로그 Epilogue

　2천 년 서양기독교의 역사와 비교해, 한국기독교는 짧은 시간에 참으로 많은 신앙의 유산과 흔적을 만들어왔습니다. 키아츠는 2014년 설립 이래로 한국 전역에 흩어져 있는 기독교의 신앙유산을 학문적으로 정리하고, 이를 일반인과 함께 나눌 안내서, 일종의 한국의 영적인 대동여지도를 만드는 작업을 진행해 왔습니다. 2012년에 여수엑스포를 기념해 전남 동부지역 교회들이 조직한 '복음엑스포네트워크'와 함께 《신앙을 품은 지역, 전남 동부로의 여행》 책자를 발간하였는데, 이것이 영적인 대동여지도를 그리는 키아츠의 첫 번째 연구 결과물이었습니다.

　2017년, 키아츠는 마침내 국내 기독교 신앙유적 410곳을 정리한 종합순례 안내서인 《한국기독교 성지순례 50 Belt》를 출간했습니다. 이 책은 백령도에서 울릉도, 마라도에서 화진포에 이르는 남한 전체의 신앙유적을 50개의 벨트로 묶어 정리한 키아츠가 꿈꾼 기독교 대동여지도였습니다. 이 책은 한국교회 성도들뿐만 아니라 지역의 문화해설사 및 다양한 분들의 사랑을 받아왔습니다.

　이 책이 전국의 수많은 기독교 성지들을 한눈에 보여주고, 각 유적지를 백과사전처럼 소개하고 있지만, 각 교회나 그룹이나 개인들이 실제로 순례를 떠나기에는 코스 선정 등 미리 준비할 사항이 적지 않았습니다. 많은 독자들은 아무 고민 없이 안내에 따라 믿고 나설 수 있는 실용적인 순례 안내 책자를 요청하셨습니다.

　《한국기독교 성지순례 50 Belt》와 마찬가지로 이 책이 나오기까지 참 많은 분들의 도움이 있었습니다. 인터뷰에 기꺼이 응해주시면서 여러 자료를 챙겨주신 분들, 더운 날에 현장에서 하나라도 더 정확하게 우리에게 알려주시려 애쓰신 분들, 이렇게 중요한 일을 한다고 밥을 사 주시고 교통비도 주신 분들, 서로 잘해 보자고 덕담과 응원을 해 주신 분들, 사실 이 책을 준비하는 과정은 한국교회의 희망을 보는 과정이었습니다.

한 가지 아쉬운 것은 너무나 좋은 신앙 유적지들이 곳곳에 산재해 있지만, 이 책의 기획 의도에 따라 모든 곳을 책에 담지 못한 것입니다. 하지만, 이곳을 찾는 분들의 낙수효과를 기대해 봅니다. 6곳의 중심 순례지를 여행하다, 주변에 예기치 않은 기쁨을 찾는 효과를 기대해 봅니다.

키아츠는 이 책을 시작으로 전국의 주요 유적지를 2박 3일 일정으로 돌아볼 수 있는 시리즈를 계획하고 있습니다. 무엇보다 우리 역사, 우리 신앙, 우리 것의 중요성이 높아진 이 시대에, 기독교가 한국 근현대사의 가치와 긍정의 유산을 찾아 나누는 중심 마중물이 되기를 소망합니다. 키아츠의 일련의 이러한 작업에 기초해 보다 많은 전문가들이 정부 및 지방자치단체들과 함께 각자가 살고 있는 지역의 기독교 문화콘텐츠를 창조적으로 만드는 계기가 되길 소망합니다.

이 책은 사실, 성도들이 작은 규모로 좀 더 여유 있게 신앙의 유산을 찾아 나서는 도우미로 기획되었습니다. 대형화, 익명성, 콘크리트화, 일방성을 넘어 조용히 내면의 나를 찾아 떠나기를 기대합니다.《순례묵상》이 힐링이 되어, 다시 벌떡 일어나 더 좋은 사회와 교회를 만들어가면 좋겠습니다. 이 책이 나오기까지 함께 수고한 키아츠의 모든 가족들과 도움을 주신 분들에게 다시 한번 감사를 드립니다.

연구진을 대표해서, 김재현 키아츠 원장

전라남도 기독교유적지 및 역사유적지

지역	명칭	주소	연락처
광주	5·18 기념공원	광주광역시 서구 내방로 152	062-376-5191
	5·18 자유공원	광주광역시 서구 상무평화로 13	062-376-5183
	고든에비슨기념관	광주광역시 남구 백서로 66-1	
	광주기독병원	광주광역시 남구 양림로 37	062-650-5000
	"광주수피아여자중·고등학교 (광주여학교-수피아여학교)"	광주광역시 남구 백서로 13	062-670-3008
	광주숭일중·고등학교(숭일소학교)	광주광역시 북구 모룡대길 40	062-608-0504
	광주제일고등학교(광주고등보통학교)	광주광역시 북구 독립로 237번길 33	062-510-8804
	광주제일교회	광주광역시 서구 상무공원로 56	062-382-1004
	광주학생독립운동기념관	광주광역시 서구 학생독립로 30	062-221-5531
	광주학생항일운동 역사관		
	국립 5·18민주묘지	전라남도 광주광역시 북구 민주로 20	062-268-051
	소심당조아라기념관	광주광역시 남구 제중로46번길 3-6	062-673-8681
	양림교회(기장)	광주 남구 3·1만세운동길 1	062-672-6001~2
	양림교회(통합)	광주광역시 남구 백서로70번길	062-672-1101
	양림교회(합동)	합동측 광주광역시 남구 백서로 7	062-653-2011~6
	양림동 선교사 묘지	광주광역시 남구 제종로 77	
	오웬기념각	광주광역시 남구 백서로70번길 6 기독간호대학	
	우일선교사사택	광주 남구 제중로47번길 20	
	유진벨선교기념관	광주광역시 남구 제중로70	062-675-7009
	호남신학대학교	광주광역시 남구 제중로 77	062-650-1552
전남	곡성성당	전라남도 곡성군 곡성읍 읍내13길 23-2	061-362-1004
	광양기독교100주년기념관	전라남도 광양시 진상면 성지로 399	061-772-7441
	광양읍교회	전라남도 광양시 광양읍 유당로 10	061-761-2431
	구례중앙교회	전라남도 구례군 구례읍 북문1길 11	061-782-3176
	구림교회	전라남도 영암군 군서면 동계길 5	061-471-0232
	국립소록도병원(소록도자혜의원-소록도갱생원-국립나병원)	전라남도 고흥군 도양읍 소록해안길 65	061-840-0500
	국립소록도병원한센병박물관	전라남도 고흥군 도양읍 소록해안길 82	
	덕양교회	전라남도 여수시 소라면 흑산길 14-43	
	목포근대역사관 1관	전라남도 목포시 영산로29번길 6	061-242-0340
	목포근대역사관 2관	전라남도 목포시 번화로 18	061-270-8728
	목포양동교회	전라남도 목포시 호남로 15	061-245-3606
	문준경 전도사 순교기념관	전라남도 신안군 증도면 문준경길	234 061-271-3455
	문준경 전도사 순교지	전라남도 신안군 증도면 증동리 160	
	백범 김구 은거기념관	전라남도 보성군 득량면 쇠실길 22-45	
	법성교회	전라남도 영광군 법성면 진굴비길 33	061-356-2334
	보성태백산맥문학관	전라남도 보성군 벌교읍 홍암로 89-19	061-858-2992
	북교동교회	전라남도 목포시 차범석길 35번길 13	061-244-0061

지역	명칭	주소	연락처
전남	삼부자묘	전라남도 여수시 율촌면 산돌길 148	
	상월그리스도의교회	전라남도 영암군 학산면 상월상리길 42	
	서재필 기념공원	전라남도 보성군 문덕면 용암길 8	061-852-2181
	소록도 중앙공원	전라남도 고흥군 도양읍 소록리 227	
	소록도교회	전라남도 고흥군 도양읍 공회당길 184(북성교회)	
	소록도교회	전라남도 고흥군 도양읍 양지회관길 53(동성교회)	
	소록도교회	전라남도 고흥군 도양읍 소록선창길 94(소록교회)	
	소록도교회	전라남도 고흥군 도양읍 양지회관길 8(소록도중앙교회)	
	소록도교회	전라남도 고흥군 도양읍 신생리길 22-5(산성교회)	
	소록도교회	전라남도 고흥군 도양읍 동생리선창길 104(남성교회)	
	손양원 목사 순교기념관	전라남도 여수시 율촌면 산돌길 70-62	061-682-9534
	손양원 목사 순교지 기념공원	전라남도 여수시 둔덕동 476-12	
	순천기독진료소	전라남도 순천시 매산길 11	061-753-2976
	순천매산고등학교 (은성학교-매산남,여학교)	전라남도 순천시 영동길 58	061-750-0111
	순천매산중학교, 순천매산여자고등학교(은성학교-매산남,여학교)	전라남도 순천시 매산길 43	061-752-6222
	순천시기독교역사박물관	전라남도 순천시 매산길 61	061-749-4420
	순천중앙교회	전라남도 순천시 서문성터길 20	061-755-9106
	신황교회	전라남도 광양시 진상면 신황길 43-14	061-772-2880
	애양원교회	전라남도 여수시 율촌면 신풍리	061-682-7515
	애양원역사관(한센기념관)	전라남도 여수시 율촌면 산돌길 148	061-640-8888~9
	야월교회	전라남도 영광군 염산면 칠산로 56	061-352-9147
	여수 애양병원(광주 나병원)	전라남도 여수시 율촌면 구암길 319	061-640-8888
	여수제일교회	전라남도 여수시 고소2길 3	061-662-3004
	염산교회 순교성지	전라남도 영광군 염산면 칠산로 129	061-352-9005
	영암군기독교순교자기념관	전라남도 영암군 군서면 왕인로 533	
	영암읍교회	전라남도 영암군 영암읍 서남역로 9-9	061-473-2209
	옥과교회	전라남도 곡성군 옥과면 미술관로 15	061-362-6280
	우학리교회	전라남도 여수시 남면 우학리 223	061-665-9521
	일강 김철 기념관	전라남도 함평군 신광면 일강로 873-12	061-320-3384
	장천교회	전라남도 여수시 율촌면 동산개길 42	061-683-7044
	정명여자중·고등학교 (목포여학교-정명여학교)	전라남도 목포시 삼일로 45	061-240-5903
	증동리교회	전라남도 신안군 증도면 문준경길 173-5	061-271-7547
	지리산기독교선교유적지-노고단	전라남도 구례군 산동면 좌사리 산 110-2	
	지리산기독교선교유적지-왕시루봉	전라남도 구례군 토지면 문수리 산 231	
	진리교회	전라남도 신안군 임자면 진리길 25	061-275-5322
	해제중앙교회	전라남도 무안군 해제면 봉대로 37-6	061-452-6437

색인

ㄱ 강창원   45, 46
고난의 길   27
고든 에비슨(Gordon W. Avison)   93
공마당길 야생화 그림거리   49
광주 만세운동   88
광주 선교기념비   80
광주기독병원   89
광주 수피아여자중고등학교   87-89
광주양림교회(통합)   92
구 소록도 갱생원 감금실   61
구 소록도 갱생원 검시실   61
구 소록도 성실중·고등성경학교 교사   65
국립소록도병원 한센병 박물관   62
김두영   67-68
김방호   106-107
김수남   22-23
김익   107, 110
김정복   62-63
김현승 시비   82
ㄴ 남성교회   67
뉴스마(Dick. H. Nieusma) 사택   79
ㄷ 도성마을   21
동성교회   66
ㄹ 로저스 가옥   48
린튼(Hugh M. Linton)   45
ㅁ 매곡동 언덕길(매산등)   47
매산관   48
문준경   116
문준경 전도사 순교기념관   120
문준경 전도사 순교지   124
ㅂ 박용희   44, 46
보리피리   70
ㅅ 삼부자묘   29
상정봉   121
샛별   63
선교부 외국인 어린이학교   48
선교사기념공원   83
설도항   111
성서조선   64
소록도 갱생원 만령당   69
소록도 자혜의원 본관   69
소록도 중앙공원   70
소록도 중앙교회   62
소심당조아라기념관   90
손양원   16
손양원목사순교기념관   35
수탄장   60
수피아홀(Speer Hall)   88
순천시기독교역사박물관   48
순천기독진료소   45
순천노회 원탁사건   45
순천매산여자고등학교   47

순천중앙교회	84
쉐핑(Elizabeth J. Shepping)	84
식량창고	66
ㅇ 안력산 의료문화센터	50
애양원역사관, 한센기념관	24
애양원교회	25
야월교회	102
야월교회 기독교인 순교기념관	103
양림동 언덕	76
어비슨카페	93
여수애양병원	20
염산교회	106-107
오웬(Clement C. Owen)	84
오웬기념각	91
윈스브로우홀(Winsborough Hall)	88
우일선 선교사 사택	86
윌슨(Robert M. Wilsion)	20, 86
유진 벨(Eugene Bel)	76
유진벨선교기념관	81
윤일심	64-65
윤형숙	88-89
ㅈ 장기진	71
장인심	71
조아라	90
조지 왓츠	40, 45
조창원	67
존 언더우드(John T. Underwood) 사택	86
존 크레인(John C. Crane)	47
증동리교회	121
ㅉ 짱뚱어다리	126
ㅊ 치유의 숲	22
ㅋ 카페 오늘	35
커티스 메모리얼홀(Curtis Memorial Hall)	88
코잇 가옥	49
ㅌ 토플(Stanley C. Topple)	21
토플하우스	21
ㅍ 포사이드(Wiley H. Forsythe)	20
프레스톤(John F. Preston)	41
프레스톤가옥	47
프레스톤기념비	44
플로렌스 크레인(Florence H. Crane)	49
ㅎ 하나이 젠키치(花井善吉) 원장	56, 69
하인종	67
학도병 조형물	51
한하운	70
허철선 선교사 사택	86
찰스 헌트리(Charles B. Huntley)	86
호랑가시나무언덕 게스트하우스	79
화도 노두길	128-129
'화해와 용서' 상과 사랑의 열매탑	32-33
황두연	45

전라남도 순례 여행을 돕는 키아츠 도서

키아츠 50 시리즈

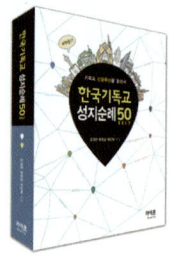

한국기독교 성지순례 50벨트 김재현 엮음 | 652쪽 | 22,000원

국내 성지순례 안내서 / 남한 전체의 주요 기독교 유적지 410곳 소개 교회 국내 비전트립, 가족 여행 활용

한국기독교 순교자 50인
한반도에 새겨진 십자가의 길 김재현 엮음 | 342쪽 | 16,000원

토마스/백홍준/아펜젤러/헤론/제임스홀/데이비스/오웬/매켄지/김영학/한경희/김영진/헌트/구연영/이재명/전덕기/김마리아/신석구/유관순/조종대/손정도/남궁억/박관준/이기선/주기철/최봉석/안이숙/박봉진/최인규/권원호/전치규/양용근/이기풍/한상동/조수옥/허성도/김윤섭/박의흠/조만식/백인숙/김순호/김익두/이도종/손양원/김정복/문준경/김방호/조상학/유재헌/김응락/남궁혁

한국기독교 선교사 50인
한반도에 심겨진 복음의 씨앗 김재현 엮음 | 420쪽 | 18,000원

알렌/에비슨/스크랜튼/언더우드/아펜젤러/게일/존슨/밀러/헐버트/벙커/무어/스코필드/캠벨/길보른/호가드/질레트/제임스홀/마펫/스왈른/베어드/맥ён/클라크/맥켄지/헌트/펜윅/하디/맥컬리/그리어슨/맥래/바커/스코트/쿠퍼/말스베리/밀러/사우어/쇼/레이놀즈/유진벨/오웬/프레스톤/탈메이지/린튼/쉐핑/데이비스/멘지스/아담슨/엥겔/맥켄지/아담스/브루엔

한국기독교 민족지도자 50인
한반도에 울려퍼진 희망의 아리랑 김재현 엮음 | 443쪽 | 18,000원

구연영/서재필/이상재/이준/전덕기/헐버트/안창호/이승만/김약연/이회영/김필순/손정도/장인환/우덕순/이재명/김마리아/이승훈/김병조/양전백/신홍식/신석구/이필주/김창준/스코필드/유관순/어윤희/문용기/이만집/김인전/김구/김인서/조종대/강우규/조신성/김상옥/조만식/배민수/이동휘/박차정/차미리사/하란사/남궁억/최흥종/김교신/김선두/이원영/여운형/김규식/함태영/김용기

키아츠 컬렉션

손양원

〈손양원〉[강단설교](한·영·중)
〈SON YANG-WON〉[강단설교(영)]
〈손양원〉[영성 선집]
하얀 불꽃[소설](한·영)
산돌 손양원[만화]
사랑의 원자탄(영·중)

소록도

소록도 100년의 이야기[역사]
작은 사슴들의 이야기[소설]
소록도 천국으로의 여행[소설]
소록도 가는 길[만화]
소록도[영성선집](한·영)

문준경

등대지기[소설]

이현필

풍요의 시대에 다시 찾는 영적 스승 이현필[선집]
〈나는 너를 사랑하고야 말 것이다〉[영성 선집]

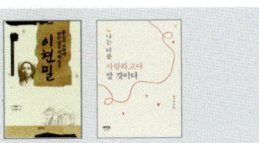

기타

이세종의 명상 100가지[영성 선집]
전남동부로의 여행(2012)